作者简介

谢 丹，毕业于北京大学考古学专业，现任四川博物院副院长、研究馆员。在博物馆陈列展览、运营管理等方面具有丰富的实践经验和理论素养，发表论文数十篇，出版著作十余部。担任主创和总策展人的多个展览获得国家文物局、中国博物馆协会等颁发的奖项。2023年获评四川省文物保护及活化利用记大功专项奖励先进个人。

周诗卉，毕业于中山大学文物与博物馆学专业，现任四川博物院陈列展览部副主任，中国博物馆协会青年工作委员会委员。研究方向为陈列展览、博物馆学。发表论文20余篇，策划"天路长歌——唐蕃古道沿线七省区精品文物联展""艺术与生命——瓦列里·列德涅夫作品展"等多个展览。

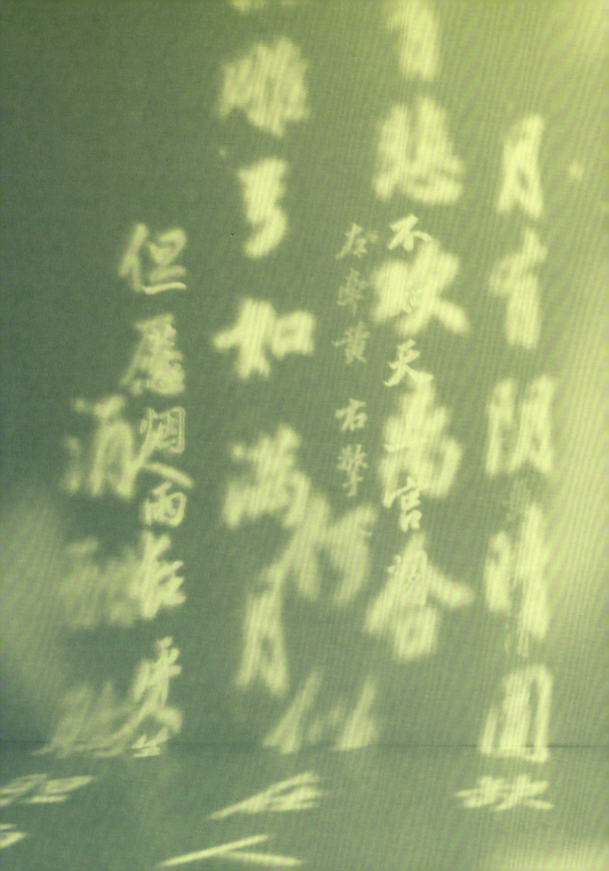

本书由中国博物馆协会与腾讯基金会"腾博基金"资助

Looking Back on Su Shi

四川博物院
"苏轼主题文物特展"
策展笔记

谢 丹 周诗卉 等著

ZHEJIANG UNIVERSITY PRESS
浙江大学出版社
·杭州·

图书在版编目（CIP）数据

回望东坡：四川博物院"苏轼主题文物特展"策展

笔记 / 谢丹等著. -- 杭州：浙江大学出版社，2024.

11. --（中国博物馆陈列展览精品·策展笔记）.

ISBN 978-7-308-25224-9

Ⅰ. G269.277.1

中国国家版本馆 CIP 数据核字第 2024Q2J544 号

回望东坡

四川博物院"苏轼主题文物特展"策展笔记

谢　丹　周诗卉　等著

出 品 人	褚超孚
策划编辑	张　琛　陈佩钰　吴伟伟
责任编辑	陈　翩
责任校对	丁沛岚
美术编辑	程　晨
出版发行	浙江大学出版社
	（杭州市天目山路148号　邮政编码：310007）
	（网址：http://www.zjupress.com）
排　　版	浙江大千时代文化传媒有限公司
印　　刷	杭州捷派印务有限公司
开　　本	710mm×1000mm　1/16
印　　张	12.75
字　　数	188千
版 印 次	2024年11月第1版　2024年11月第1次印刷
书　　号	ISBN 978-7-308-25224-9
定　　价	88.00元

浙江大学出版社市场运营中心联系方式：（0571）88925591；http://zjdxcbs.tmall.com

总 序

　　在社会主义文化强国建设的进程中，博物馆扮演着中华文明优秀成果守护者、传承者与传播者的重要角色。作为博物馆教育与传播的核心媒介，陈列展览成为博物馆守护文化遗产、传承中华文明、讲好中国故事的关键工作。好的陈列展览离不开好的策展工作。策展是构建陈列展览的过程，是通过逻辑和观念的表达，阐释文物藏品的多元价值，构建公众与遗产之间的对话空间，激发广泛社会价值与文化价值的思维和组织活动。博物馆策展的理论与实践水平，很大程度决定了陈列展览的思想境界、文化内涵、艺术品位与传播影响。因此，博物馆策展的学术研究和业务能力建设是提高博物馆陈列展览工作业务水平和影响效果的重要途径；某种意义上，也是促进我国博物馆事业高质量发展的关键所在。

　　"中国博物馆陈列展览精品·策展笔记"丛书的出版，正是源于对上述问题的思考。作为我国博物馆行业发展的协调者与促进者，中国博物馆协会长期致力于博物馆展陈质量建设和策展能力提升。在持续不断的摸索和实践中，许多博物馆同仁建议我们依托"全国博物馆十大陈列展览精品推介活动"，围绕一批业内公认的具有较大影响力与鲜明特色的获奖展览项目，邀请策展团队，形成有关策展过程和方法的出版物。在不断的讨论中，我们逐渐明确：这种基于展览策划的出版物，显然不同于博物馆中常见的对于展览内容及重点文物介绍的"展览图录"，而更适合被称为"策展笔记"。

　　所谓"策展笔记"，一方面，要聚焦"策展"的行动内容，也就是要透过展览看幕后，核心内容是展览从无到有的建设过程，尤其要重点讲述展览选题、前期研究、团队组建、框架构思、展品组织、形式设定、艺术表达、布展制作等当代博物馆展览策划的核心流程及相关体会。另一方面，要突出"笔记"的内涵风格。如果与记录考古工作的过程、方法与认识的"考古报告"相类比的话，"策展笔记"则是对陈列展览的策展过程、方法与认识的重点记录。与此同时，作为与"随笔""札记"等相似的"笔记"文体，也应带有比较强烈的主观性、灵活性和较高的自由度，宜以第一人称的口吻展开，重在呈现策展的心路历程与思考感悟，而不苟求内容体系的完整性与系统性；重在提炼策展的经验、理念、亮点，讲好值得分享的策展专业理论、专业精神、专业态度和专业手法等。我们相信，这样的"策展笔记"，不但可以作为文博行业了解我国文博系统优秀展览的"资料工具书"，也可以作为展陈从业者策展创新借鉴的"实践参考书"，还可以作为普通大众的"观展指南书"，帮助他们了解博物馆幕后工作，更好领略博物馆展陈之美。

丛书第一辑收集了2019—2021年度全国博物馆十大陈列展览精品推介的代表性获奖项目，覆盖全国不同地域，涵盖考古、历史、革命纪念等不同类型。由于缺乏经验借鉴，加之展览类型的多元性、编写人员构成的差异性等，在撰稿与统稿过程中，我们遇到了远超预期的挑战。这些挑战包括但不限于：如何平衡丛书的整体风格与单册图书的个体特色；如何兼顾写作内容的专业性特质与写作表达的大众性要求；如何将策展实践中的"现象描述"转化为策展理念的"机制提炼"，充分体现策展的创新点和价值点；如何实现从"报告思维"向"叙事思维"的转型，生动讲述策展的动人细节；如何在分析个案内容的同时对行业的普遍性、典型问题进行有效回应，发挥好优秀展览的示范作用；如何解决多人撰写所产生的文风不统一问题，提高统稿工作的质量和效率；等等。幸运的是，在各馆撰稿团队的积极配合下，在专家的有力指导下，我们通过设定指导性原则、确定写作指南、优化统稿与编审机制等途径，一定程度克服了上述挑战难题，基本完成了预期目标。

　　这套丛书的问世，离不开撰稿人、专家和编辑的辛勤劳动。我们衷心感谢北京鲁迅博物馆（北京新文化运动纪念馆）、中国人民革命军事博物馆、山西博物院、吴中博物馆、扬州中国大运河博物馆、杭州市萧山跨湖桥遗址博物馆、山东博物馆、湖北省博物馆、盘龙城遗址博物院、成都武侯祠博物馆、陕西历史博物馆、秦始皇帝陵博物院、和田地区博物馆等博物馆策展团队撰稿人的精彩文本。同时，我们衷心感谢南京博物院理事长、名誉院长龚良，复旦大学文物与博物馆学系主任陆建松，浙江大学艺术与考古学院教授严建强，北京大学考古文博学院教授宋向光，上海大学现代城市展陈设计研究院执行院长李黎，西安国家版本馆（中国国家版本馆西安分馆）副馆长董理，清华大学美术学院副教授李德庚等多位学者、专家的认真审读与宝贵的修改建议。感谢浙江大学出版社董事长、党委书记、总编辑褚超孚，以及社科出版中心编辑团队的细致审校和精心编辑，他们的工作为丛书的顺利出版提供了坚实的保障。浙江大学艺术与考古学院"百人计划"研究员毛若寒博士在这套丛书的方案策划、组织联络、出版推进等方面，用力尤勤，付出良多。此外，还有许多在本丛书筹划、编辑、出版过程中给予帮助的专家、老师，无法一一列举，在此谨对以上所有人员致以最真挚的感谢和敬意。

　　严建强教授在一次咨询会上曾对这套丛书给过一个很高的评价，认为它是当代博物馆专业化建设的一个重要的里程碑。对于这个赞誉，我们其实是有点愧不敢当的。我们很清楚，丛书第一辑的整体质量还有待提升，离"里程碑"的高度存在一定差距。但通过第一辑的编辑出版，我们为接下来的第二辑、第三辑的编写积累了经验、增强了信心。今后，我们会继续紧扣"策展笔记"作为"资料工具书""实践参考书"与"观展指南书"的核心功能定位，继续深化对于博物馆展览策展笔记的属性、目标、功能、内涵、形式等方面的认知，努力通过策展笔记的编写，带动全行业策展工作专业水平的整体提升。这虽然是一件具体的事情，但对构建博物馆传承与展示中华文化的策展理论体系和实践创新体系，推动博物馆守护好、展示好、传承好中华文明优秀成果，为博物馆事业的高质量发展、为建设社会主义文化强国不断做出新贡献，是很有积极意义的。我们相信，有全国博物馆工作者的积极参与，我们一定能把这套丛书做得更好，做成中国博物馆领域的著名品牌。

是为序。

刘曙光

中国博物馆协会理事长

2023 年 8 月

第二辑赘言

自"中国博物馆陈列展览精品·策展笔记"第一辑问世以来，我听到了文博业界及学术圈同仁们不少的夸奖。一些博物馆展陈从业人员自发撰写评论，从实操与理论等层面解读策展理念，提炼专业经验。浙江大学、陕西师范大学等高校将其纳入教学过程，作为培育新一代策展人的学习资料，凸显了"策展笔记"的教育价值。微信读书以及各类新媒体平台的留言体现出"策展笔记"已成为广大观众理解博物馆策展艺术、深化观展体验的"新窗口"，拉近了公众与博物馆文化的距离。不少读者热情高涨，纷纷点赞并留下评论，将之视为"观展宝典"。

读者的肯定，是我们编辑出版"策展笔记"的最大动力。在2023年11月第一辑刚发行之时，第二辑也进入了紧锣密鼓的撰写阶段。基于前期积累，第二辑在保持原有特色的同时，力求策展写作内容深度与广度的双提升，旨在展现中国博物馆策展实践的多元视角与前沿动态。

江西省博物馆的"寻·虎——小鸟虎儿童主题展"，作为"策展笔记"第一例儿童主题展览，深刻揭示了策展人对儿童心理与行为特征的敏锐洞察，彰显了博物馆对儿童受众的关怀与重视，映衬出博物馆服务理念的革新与拓展。上海天文馆的"连接人和宇宙"基本陈列作为自然科学类展览在丛书中首次呈现，极大地丰富了"策展笔记"的题材与内涵。广东省博物馆的"焦点：18—19世纪中西方视觉艺术的调适"，是粤港澳大湾区首屈一指的外销画专题展览，荣获"十大精品推介"之"国际及港澳台合作奖"，反映出中国博物馆策展的国际视野，亦是出入境展览在"策展笔记"中的初次亮相。值得一提的是，我们特别收录了虽未参与"十大精品推介"但承载着深厚文化内涵与当代价值、在故宫博物院举办的"何以中国"展览。我们认为，独特的时代性、典型性与代表性，使其成为不可多得的策展典范；我们坚信，其策展智慧值得广泛传播与深入探讨。

在"导览"篇章，"策展笔记"第二辑更加注重构建"策展人导览观展"的沉浸式氛围。例如，上海天文馆的策展笔记立足科普导游与创意巧思，构建出令人心驰神往的宇宙奇景，极大提升了读者的参与感与体验度。"策展"篇章的解析深度与广度也有所提升，体现出更加强烈的问题意识，在撰写个案的同时探讨普遍性议题。如"何以中国"的策展笔记首次提出了"展览观"的命题，深入剖析展览背后的策展理念与文化价值，启发策展人对展览本质的再思考。同时，第二辑还加大了对展览"二次研究"和"学理解析"的力度，对策展相关的"叙事""阐释""符号"等现象进行了学理上的深入探究，将理论成果融入策展实践，进一步提升了展览的学术性和专业度。

技术细节的呈现成为"策展笔记"第二辑的另一大亮点。如对陕西考古博物馆的"考古圣地华章陕西"主展标设计过程的全揭秘，不仅展现了策展团队的匠心独运，也让读者对展览背后的专业技术支撑有了更直观的认识。

最后，第二辑在观展与策展之间建立了更紧密的联系。在"观展"篇章，不少书稿引入观众报告，让策展工作更贴近观众需求，提升了展览的互动性与社会影响力，折射出了策展与观众的双向赋能。

"策展笔记"第二辑依然集结了一支由撰稿人、专家与编辑组成的优秀团队。在此，我们向故宫博物院、辽宁省博物馆、上海天文馆、苏州博物馆、浙江省博物馆、杭州市临平博物馆、江西省博物馆、郑州商代都城遗址博物院、广东省博物馆、中山市博物馆、广西壮族自治区博物馆、四川博物院、陕西考古博物馆等多家博物馆的策展团队贡献的精彩文本表示由衷感谢。同时，还要继续感谢南京博物院理事长、名誉院长龚良，复旦大学文物与博物馆学系主任陆建松，浙江大学艺术与考古学院教授严建强，北京大学考古文博学院教授宋向光，上海大学现代城市展陈设计研究院执行院长李黎，西安国家版本馆副馆长董理，清华大学科学博物馆（筹）高级顾问杨玲等专家学者，他们的专业审读和中肯建议对提升"策展笔记"内容质量起到了关键作用。我们还要向浙江大学出版社董事长、党委书记、总编辑褚超孚，副总经理张琛，社科出版中心编辑团队及所有参与的工作人员致敬，他们一丝不苟的工作态度与精益求精的专业精神，确保了"策展笔记"第二辑的高质量出版。我还要特别鸣谢今天在浙江大学艺术与考古学院任"百人计划"研究员的毛若寒博士。作为执行主编，他不仅协助我延续并深化了策展笔记的体例，更以其富有朝气的学术洞察力推动了丛书品质的进一步提升。此外，还有许多未被逐一提及的专家和同仁，他们的辛勤工作和专业精神对整个编撰项目至关重要，我对他们表示由衷的感谢和敬意。

"策展笔记"如同一扇开启多元视野的窗，亦如聚焦万象的镜头，第二辑尤为如此。它不仅展现了中国博物馆展览生态的丰富多样，更深刻揭示了策展实践背后的创新思维与理论深度。从第一辑至第二辑，这套丛书见证了中国博物馆策展领域的进步，每一页笔记都凝结着策展人对新时代博物馆的角色与功能的深邃思考。这一历程不仅是策展理念革新的实录，亦是中国博物馆人敢于探索、勇于创新精神的鲜活体现。展望未来，我们将秉持"讲好中国故事"的初心，以"策展笔记"为桥梁，不断深化对新时代博物馆使命的理解与实践，致力于通过精品展览传承中华优秀传统文化，弘扬革命文化，发展社会主义先进文化，为建设社会主义文化强国、推进中国式现代化贡献博物馆的力量。

刘曙光

2024 年 8 月

四望東坡

Looking Back on
Su Shi

引 言

东坡精神的时代价值

　　苏轼，世称苏东坡，四川眉山人，北宋著名政治家、文学家、书画家，被后世誉为"宋四家""唐宋八大家"之一。他是中国历史上"人间不可无一"的存在，更是四川"难能有二"的骄傲。苏轼不但在诗文、书画等方面具有深厚的造诣，同时因其高雅的生活品位与豁达的人生态度，散发出独特的人格魅力，成为备受景仰的文人典范。以东坡文化（苏轼文化）为代表的三苏文化更是中国传统文化的重要组成部分和宝贵遗产。

　　苏轼一生乐观豁达，面对生命中的忧患困苦，往往能一笑置之。他少年得志、春风得意，中年鲲鹏折翅、艰难困苦，但他始终有着"达则兼济天下，穷则独善其身"的情怀。这种世所罕见的豁达气度，综合了儒家的自强不息、道家的乐天知命、佛家的无我自在。在接受传统文化的过程中孕育的、在博通经史的过程中创造的东坡文化，丰富和发展了中华文化内涵。

　　东坡精神（苏轼精神）具有时代价值。苏轼的平衡和谐、美美与共是修身的典范，在经济全球化和文化多元化背景下，其彰显出新时代崭新的人性光辉。2000 年，法国《世界报》策划《千年英雄》栏目，在人类历史上的第二个千禧之年评选第一个千禧之年（正好是苏轼生活的北宋时期）的"千年英雄"，在全球选出了十二位生活在一千年前、影响世界文明进程的杰出人物，苏轼是唯一入选的中国人。人民日报出版社出版的《习近平用典》，其中最多引用的古代名人名言名句，除《论语》之外，便是苏轼的名言名句，分别辑入为政篇、劝学篇、廉政篇、辩证篇。该书的出版更让苏轼迅速成为现象级话题。不计其数的文人学者对苏轼留下的文化遗产如痴如醉,他们诠释、演绎、研究其精神实质,东坡文化受到高度重视。东坡文化如此博大,东坡精神如此丰富,正如著名学者王水照先生为眉山三苏祠题词云:"说不全、说不完、说不透,永远的苏东坡。"

思想文化的真正力量,在于它能超越时空。东坡精神强调对人文价值的尊重和追求。苏轼在文学创作中注重人性的表达,关注人与人之间的情感纽带,表现出对人类情感、人性的深刻理解,这在今天的社会中仍然具有重要的意义。东坡精神鼓励人们独立思考、追求自我完善、关注社会弱势群体、保持乐观积极的生活态度、推崇人文主义、弘扬创新精神、倡导审美情趣,以及坚守道义、持身以正。这些精神内涵能够引导个人实现自我价值,推动社会进步与和谐发展。

一、展览缘起——让文脉照进当代

2022年11月在四川博物院举办的"高山仰止·回望东坡——苏轼主题文物特展"(后文简称"苏轼主题文物特展"),在社会上引起了巨大反响,成为一个现象级的展览(图1-1)。

四川博物院始建于1941年,是西南地区最大的综合性博物馆,地处长江、黄河共同哺育、汉藏羌彝等多民族融合聚居、自然人文资源丰富多彩的天府之国,浓缩了巴蜀地区文化艺术精华,牵起了成渝地区双城经济圈建设的文化纽带,彰显了中华文明多元一体的灿烂辉煌,搭建了中外文明交流互鉴的重要平台。四川博物院所藏文物数量丰富、体系健全、特色鲜明、年代序列完整。藏品总量近36万件(套),

图1-1 "苏轼主题文物特展"序厅

居全国博物馆前列。党的十八大以来，习近平总书记多次出席文化传承发展座谈会、全国宣传思想文化工作会议，就文物保护工作作出了一系列重要指示批示，强调要坚持"保护第一、加强管理、挖掘价值、有效利用、让文物活起来"，推动中华优秀传统文化创造性转化、创新性发展，让历史说话，让文物说话。四川博物院举办的陈列展览紧紧围绕习近平总书记关于"合理利用文物资源""让文物活起来"等重要指示批示精神，充分发挥区域中心博物馆优势，突出展品特色，推动最新学术成果转化。

　　苏洵、苏轼、苏辙三父子的故居三苏祠位于四川省眉山市东坡区纱縠行。苏轼在此生活了二十六年，其多篇诗文如《梦南轩》《记先夫人不残鸟雀》《天石砚铭》等都回忆到儿时在此生活的情景。2022年6月8日，习近平总书记参

图1-2 "苏轼主题文物特展"现场

观眉山三苏祠，了解三苏生平、主要文学成就和家训家风，以及三苏祠历史沿革、东坡文化研究传承等情况。他十分感慨地表示"一滴水可以见太阳，一个三苏祠可以看出我们中华文化的博大精深。我们说要坚定文化自信，中国有'三苏'，这就是一个重要例证"，并嘱托要弘扬好三苏文化。为更好地贯彻落实习近平总书记关于传承发展中华优秀文化的重要讲话精神，整合相关文化资源，做好三苏文脉传承，让中华优秀传统文化与时代发展产生更强共鸣，由中共四川省委宣传部、四川省文化和旅游厅、中共眉山市委、眉山市人民政府、四川省文物局主办，四川博物院联合省内外多家文博单位共同举办"苏轼主题文物特展"，于2022年11月29日至2023年3月5日在四川博物院临展1、2、3厅展出（图1-2）。

此次展览共展出来自故宫博物院、中国美术馆、上海博物馆、吉林省博物院、辽宁省博物馆、旅顺博物馆、中国江南水乡博物馆、苏州博物馆、四川博物院等 39 家博物馆珍藏的苏轼主题相关文物 274 件。在故宫博物院、中国美术馆的支持下，展览由四川博物院、四川省诗书画院、眉山三苏祠博物馆、四川省图书馆承办，协办单位有天津博物馆、天津沉香博物馆、上海博物馆、重庆中国三峡博物馆、黑龙江省博物馆、吉林省博物院、辽宁省博物馆、旅顺博物馆、保定市博物馆、陕西省考古研究院、宝鸡市凤翔区博物馆、河南省文物考古研究院、河南博物院、开封市博物馆、禹州钧官窑址博物馆、湖南博物院、苏州博物馆、扬州博物馆、镇江博物馆、四川省文化馆、四川人民艺术剧院、成都杜甫草堂博物馆、成都博物馆、成都武侯祠博物馆、成都体育学院博物馆、彭州市文物保护管理所、眉山市彭山区文物保护研究所、泸州市博物馆、四川泸县宋代石刻博物馆、绵阳市博物馆、平武报恩寺博物馆、遂宁市博物馆、达州市文物管理所、杭州市临平博物馆、温州博物馆、福建博物院、抚州市博物馆、郏县三苏纪念馆。展览展出一级文物 39 件，其中不乏重磅文物，包含苏轼流传世间的极为罕见的真迹《潇湘竹石图》、《洞庭春色赋·中山松醪赋》卷、《阳羡帖》手卷等展品。宋代名窑如汝窑、龙泉窑、钧窑、磁州窑、建窑的瓷器，高热度人气文物如宋徽宗《腊梅双禽图》、宋"诵馀"七弦琴，以及出自历代名家如董其昌、仇英、文徵明、郑燮、张大千等的与苏轼相关的传世珍品，都亮相展览。

二、策展思路——人物展览的创作逻辑

苏轼距离我们已经一千多年了，但就像千百年来不断传诵的他在各地留下的那些名句一样，他的精神、他的人生态度永久留在了神州大地上。苏轼作为四川的杰出人物，集政治家、文学家、艺术家于一身，被评为四川古代十大名人之一，借助当前文化大发展和文旅融合的契机，整合相关资源，我们策划了"高山仰止·回望东坡——苏轼主题文物特展"。本次展览于 2022 年 11 月 29 日在四川博物院隆重开幕，开展之后受到众多"苏迷"的追捧，观者如潮。

苏轼是北宋时期巴蜀大地走出的旷世奇才，在跌宕起伏的人生际遇中，他以"人生如逆旅，我亦是行人""一蓑烟雨任平生"的胸怀泰然处之。他是大家熟悉的历史人物，对热爱传统文化的中国人来说，每个人心中都有一个可亲可爱的苏轼。因此，如何以展览的语言去诠释一个有血有肉的苏轼，如何与各地的苏东坡纪念馆展览有一定的区分度，是我们面临的挑战。

本次展览力求将苏轼置于北宋这一宏大的历史背景中，通过展现他的生平轨迹和文学、艺术成就，让观众能够深入感受他生活的时代氛围和宋代文人的精神世界。宋代，被誉为中国封建时代文人生长的最佳时期，群星璀璨，而苏轼无疑是其中最闪亮的那颗星。在策划时，我们的思路是把苏轼放在北宋这一大的视野背景下去解读，结合苏轼的生平线展开，以苏轼人生的亮点和成就作为专题，以苏轼这个人物为主线，引导观者回到北宋，去感受他生活的那个时代和宋代文人的生存状态。每个部分、每个单元、每个展示组，我们都力图组合相关的文物去诠释和解读，从色彩、氛围和调性上营造宋代文人的雅致情趣，并体现宋代生活美学。

古代人物类展览往往以一种客观的视角将人物的生平呈现给观众，在这种设定下，观众通常带着旁观者的视角来窥探古代人物的生平轨迹，从而获得对其一生的

初步了解。然而，时间与空间的转变和压缩在观众与展览之间横亘，这种叙事方式难免因为历史遥远而让观众产生一定的距离感。因此，策展过程中古代人物类展览的叙事视角的选择尤为重要。我们采用了时间线与专题交叉结合的方式，从北宋的辉煌成就讲起，逐渐聚焦到四川这片孕育了苏轼的神奇土地，再深入他的出生地眉州，以及他一生的重要阶段：少年东坡的求学时光、走出眉州后的名动京师、宦海沉浮中的乐观豁达、诗词歌赋与艺术的辉煌成就，以及他与朋友们的深厚情谊和后世对他的无尽颂扬。我们力图通过引入更为个性和亲切的叙事手法，让观众深入感受苏轼的情感、思想和生活体验，让他们仿佛穿越时空，与苏轼建立更为亲密的连接。

例如，通过展示苏轼的日常生活细节以及手迹等，让观众触及更加真实的苏轼；通过深度挖掘苏轼的人生起伏与悲欢离合，使观众在参观过程中能够跳出旁观者的角色，真正走入苏轼的生活世界。这样的叙事视角拓宽了观众对苏轼及其历史背景的认知，其观展心理从作为旁观者的审视转向作为苏轼友人的"神交"，从而更能够感受到历史人物的人性、情感及时代影响。由此，历史的冰冷外壳被融化，观众能更深层次地了解和理解古代人物。

从展示苏轼的千面人生到介绍东坡文化对后世的重要影响，展览呈现出一场跨越千年的时空对话，诠释了苏轼在治国理政、文学艺术等方面的成就及其精神品质。我们还特别提炼了六个亮点，即寄情山水、竹院品古、东坡美食、把酒言欢、风雅情趣、修养身心，旨在让观者了解苏轼在面临人生困境时展现出的乐观豁达的人生态度。

三、科学管理——展览实施的保障措施

科学管理在展览实施中十分重要，它是展览组织者确保展览顺利进行的有效手段，可以帮助展览组织者明确目标，规划任务和资源，制订详细的工作计划，并合理安排时间。借助科学管理，策展团队可以优化展览的执行过程，减少时间浪费和重复劳动，提高工作效率。

"苏轼主题文物特展"采取科学管理，确保整个展览顺利进行。

（1）项目计划和时间管理。确立一个清晰的项目计划，明确展览的目标、内容、时间表和关键时间节点；制订详细的工作计划，包括每个阶段的任务、责任人和完成时间。科学的项目计划与合理的时间管理可以确保展览按时进行。

（2）资源管理。准确评估文物资源（如场地、设备、人力、资金等）需求，合理分配经费，确保展览资源的充分利用和有效管理。

（3）风险管理。展览涉及多个环节和各类参与方，存在一定的风险和不确定性。风险管理是展览项目成功的关键因素，我们需要提前识别和评估风险，并采取相应的措施进行规避或应对，以保证项目顺利推进。

（4）团队协作和沟通。建立一个高效的团队，明确各个成员的角色和职责。加强团队成员之间的沟通与合作，确保信息流动畅通、问题解决及时、各方利益分配合理。

（5）质量控制。制定质量标准和评估方法，监督展览过程中的执行情况，进行评估和反馈，及时进行调整和改进，确保展览的质量达到预期水平。

（6）教育与互动。巧妙设计的教育活动和互动环节，使观众在参展过程中能够更深入地了解文物的历史、文化和艺术价值。展览中的互动设计不仅加强了展览的教育性，也使观众有更加沉浸的体验。

（7）推广与营销。在科学管理的框架下，我们对"苏轼主题文物特展"进行了推广和营销。展览通过制订有效的推广计划，利用社交媒体和其他渠道进行营销，吸引了更多的观众，提高了知名度和美誉度。

（8）反馈和评估。展览结束后，进行全面的反馈和评估，收集观众的意见和建议，总结经验教训。这一步骤是展览循环改进的关键。

以科学管理为支撑，"苏轼主题文物特展"以更全面、可持续和有深度的方式呈现给观众，为观众提供了一场丰富而有意义的文化体验。

四望東坡

Looking Back on
Su Shi

一场跨越千年的对话

　　"苏轼主题文物特展"分为序厅、第一部分"一门三杰孕于蜀"、第二部分"跌宕起伏的一生"、第三部分"千年一遇的全才"、第四部分"人间有味是清欢"、尾声"东坡颂"，共六个板块，展示了苏轼在治国理政、文学艺术等方面的成就及其精神品质。其中包含苏轼真迹《潇湘竹石图》、《洞庭春色赋·中山松醪赋》卷、《阳羡帖》手卷等珍贵展品，以及四川博物院收藏的诸如宋徽宗《腊梅双禽图》、宋"诵馀"七弦琴、芙蓉花金盏等高人气宋代文物，反映了宋人的闲适生活。

一、序厅

　　序厅展示了宋代社会总体面貌，并以"守其初心，始终不变""苟非吾之所有，虽一毫而莫取"等苏轼名句为引，结合苏轼生平大事记点明主旨（表2-1、图2-1、图2-2）。

表 2-1　苏轼生平大事记

年份	在位皇帝	大事记
1037	宋仁宗（1022—1063 年在位，北宋第四位皇帝）	苏轼出生（景祐三年十二月十九日，即公元 1037 年 1 月 8 日）
1054		娶王弗
1057		中进士；母丧，返乡服孝
1059		随父再赴京师
1061		中制科，授大理评事、签书凤翔府判官
1065	宋英宗（1063—1067 年在位，北宋第五位皇帝）	还朝，判登闻鼓院；妻王弗卒；直史馆
1066		父丧，返乡服孝
1068	宋神宗（1067—1085 年在位，北宋第六位皇帝）	娶王闰之
1069		返京，以殿中丞、直史馆判官告院，兼判尚书祠部；权开封府推官
1071		除杭州通判
1074		知密州
1077		徙知徐州
1079		知湖州；入御史台狱
1080		贬黄州团练副使
1084		移汝州
1085		知登州；返京，除礼部郎中、起居舍人
1086	宋哲宗（1085—1100 年在位，北宋第七位皇帝）	拜中书舍人、翰林学士、知制诰
1089		以龙图阁学士出知杭州
1091		以翰林学士承旨召还，旋以龙图阁学士出知颍州
1092		移知扬州；以兵部尚书召还，寻除端明殿学士、礼部尚书
1093		妻王闰之卒；出知定州
1094		责知英州，再贬宁远军节度副使、惠州安置
1097		再贬琼州别驾，昌化军安置
1101	宋徽宗（1100—1125 年在位，北宋第八位皇帝）	北返，往常州；逝世（公元 1101 年 7 月 28 日）

注：年表据孔凡礼《苏轼年谱》重新修订。

图2-1　序厅

宋朝，是中国历史上经济、文化、教育较为繁荣的时代。在这个氛围相对宽松自由的社会里，涌现了一大批优秀的文人士大夫，其中首屈一指的便是苏轼。苏轼的一生，虽跌宕起伏、忧患不断，但他从未放弃对生命的欢歌。他的诗词散文既表达了深邃精微的人生体验和思考，又代表着中国文化最坚定的价值理念；他的书画作品，自成风格，表现了其骨子里的坚忍不屈。苏轼是中国历史上"人间不可无一难能有二"（林语堂语）之人，是中国最具民族性和世界性的一个典型代表。穿越千年，他的人生，依然鲜活地印刻在你我的人生境遇里。

北宋的经济在中国封建社会中是一个巅峰，民间的富庶和社会经济的繁荣远超盛唐。宋代经济的昌盛为文化的辉煌和科技的发展奠定了良好的物质基础。

图2-2　序厅文物展示

北宋在文学艺术方面，更是名人辈出，登峰造极。正如陈寅恪先生所言："华夏民族的文化，历数千载之演进，造极于赵宋之世。"宋朝的科学技术在许多领域都有很大成就，其中以四大发明中活字印刷、指南针和火药的应用最为广泛。此外，宋代在瓷器制造、建筑设计、水利设施修建和金石学、天文学的研究等方面也成就斐然。

二、第一部分：一门三杰孕于蜀

　　第一部分"一门三杰孕于蜀"以"宋代蜀地风物美"和"生长于斯颂家风"两大单元详细阐释了孕育三苏父子的宋代蜀地风物及繁荣的蜀学风气（图2-3）。

　　"四川"二字得名于北宋时期。北宋真宗咸平年间，朝廷将地处今四川盆地一带及陕西、甘肃南部一带的川峡路分为益州路、梓州路、利州路和夔州路，合称为"川峡四路"或"四川路"，"四川"因此得名。

　　自秦汉以来，四川就享有"天府"的美誉，在全国占有重要地位。宋代，四川自然环境优越，社会安定，农业、纺织业、茶业、盐业和其他手工业得以迅速发展，出现了经济繁荣、文化昌明、人才辈出的局面，可谓四川历史上的"黄金时代"。宋高宗曾评价说："蜀中多士，几与三吴不殊。"正是在这片底蕴深厚的土地上，诞生了对后世社会影响深远的三苏父子。

（一）第一单元：宋代蜀地风物美

　　宋代的四川，经济水平胜于前代，不仅蜀茶、蜀酒、蜀盐、蜀锦产业发达，还出现了世界上最早的纸币——交子。商品经济的繁荣，使当时的蜀人可以追求物质与精神上的种种生活情趣。在此基础上，四川文教兴起，为宋代蜀学的形成和发展提供了条件。

图2-3 "一门三杰孕于蜀"展厅

1.物阜民丰

北宋平蜀后，政局趋于稳定，人口快速增长，农业迅速发展。蜀地纺织业、茶业、井盐业在全国占有重要地位，酿酒、陶瓷、造纸、印刷等手工业部门也进入一个新的发展阶段。蜀茶、蜀锦等产品通过茶马贸易和茶马古道流通至滇藏青甘黔地区和国外。蜀地商品还通过海上丝绸之路销往世界各地。

（1）钱币

四川在宋代是铁钱专行区。一方面，宋代铜钱大量外流，整个宋朝都存在钱荒的情况，统治者禁止铜钱流入四川；另一方面，四川地区铜产量低，自西汉以来，就有使用铁钱的传统，加上四川地区相对封闭，自成体系，使用铁钱对其他地方影响不大。但铁钱不仅面值小而且笨重，不便于流通。随着商品经济的发展，交子在四川应运而生。

宋代四川商品经济繁荣，越来越多的大宗交易催生了大额信用货币。另外，四川雕版印刷和造纸业发达，为交子的出现提供了必要的技术条件。北宋四川交子的出现，使我国成为世界上最早发明和使用纸币的国家。交子的产生是世界货币史上划时代的事件，也是人类文明史上的大事。

（2）蜀物

优越的自然环境、充足的人力优势、新的工艺技术，使宋代的蜀茶、蜀锦、蜀酒、蜀盐的生产力超过了前代。宋代的四川不仅茶叶产量全国领先，而且是重要的纺织业中心、制盐业中心、酒课收入区。海上丝绸之路和茶马贸易的繁荣，推动了四川商品行遍全国和世界不同地区。

宋代，蜀以冰纨绮绣之物冠天下，更以精美的蜀锦而载誉史册。宋代的蜀锦技艺精湛、纹样精美，以"轻""巧""色"闻名。蜀锦代表作品有三类：一是"锦上添花花更俏"的八答晕锦、六答晕锦；二是"桃花流水杳然去"的落花流水锦；三是"庆丰收天下乐"的灯笼锦。蜀锦是海上丝绸之路的重要商品。从两汉开始，蜀锦即通过海上丝绸之路销往东南亚、南亚；至唐宋，蜀锦的贸易规模达到顶峰，还通过陆上丝绸之路远销各地。南宋时期，被称为海上丝绸之路"驿站"的钦州，舟楫往来不绝，商人"自蜀贩锦至钦，自钦易香至蜀"。蜀锦自钦州出发，漂洋过海，走向世界。这种贸易盛况，一直持续到了元明时期。

图2-4 芙蓉花金盏 四川博物院藏

　　宋代四川茶叶的生产有了飞跃性的发展，茶叶产量超过了其他地区茶叶产量的总和，成都平原及其周边地区是当时全国最主要的产茶中心。北宋范镇在《东斋记事》中记载："蜀之产茶凡八处，雅州之蒙顶、蜀州之味江、邛州之火井、嘉州之中峰、彭州之堋口、汉州之杨村、绵州之兽目、利州之罗村。然蒙顶为最佳也。"神宗熙宁年间，朝廷建立了茶马贸易制度，解决了宋朝战马的来源问题。茶马贸易制度在整个国家的政治、经济、军事、社会生活领域都占有十分重要的地位。

　　随着农业的发展，宋代四川酿酒业也得到空前发展，酿酒技术和酒质都有所提高，酒的品种增多，官府的酒课收入增多。苏轼《送张嘉州》诗云："颇愿身为汉嘉守，载酒时作凌云游。……笑谈万事真何有，一时付与东岩酒。"（图2-4）

　　四川井盐，自秦开始，世代相传，盛衰不常，在唐颇兴，于宋尤盛。宋代四川井盐技术相较于唐代有进一步的发展。苏轼《蜀盐说》云："自庆历皇祐以来，蜀始创筒井。用圜刃凿山如碗大，深者至数十丈，以巨竹去节，牝牡相衔为井，以隔横入淡水，则咸泉自上。"

　　宋代四川陶瓷业较之唐代有了进一步发展，窑址分布于川西、川南、川东、川北的广阔地区，以川西成都地区为最，主要代表有邛窑、广元窑、琉璃厂窑、磁峰窑、玉堂窑等。产品有白瓷、青瓷、黑瓷三系，既有满足普通人民生活需要的粗瓷制品，也有供贵族、官僚使用的精致瓷器。

2.安逸生活

宋代蜀地政局稳定、经济发达、文化繁荣，"十二月市"繁华旖旎，郊游、登山、泛舟、听歌、赏舞、喝茶、饮酒、花事、诗歌和绘画等活动盛行。四川各地发现了大量的宋代砖室墓和石室墓，随葬丰富，石刻精美，再现了当时人们的现实生活和蜀人的精致雅趣。南宋后期的宋元战争导致了大量窖藏的形成。20世纪60年代以来，四川地区陆续发现了上百处宋代窖藏，分布密集，出土文物众多，反映了宋代四川社会的富庶和人民生活的安逸（图2-5）。

3.文教兴盛

自汉代文翁兴学以来，四川学风大兴，渐与齐鲁之学齐名。步入宋代后，四川经济的富庶、社会的安定和雕版印刷的应用，推动了四川文教事业的繁荣，官学、私学和书院蓬勃兴起，以三苏父子为代表的苏氏蜀学得以形成和发展。

图2-5 "安逸生活"展区

图2-6 "书房"展区

　　雕版印刷在唐代已经开始实际应用，到宋代，四川成为全国三大雕版印制中心之一，官刻、私刻图书发达。蜀刻具有版好、字好、墨好、纸好等优点。蜀地印刷的《开宝藏》是我国第一部用木版雕刻的佛教大藏经，并传入朝鲜、越南、日本等国。

　　宋代苏氏蜀学，指由苏洵开创，由苏轼、苏辙兄弟加以发展，由黄庭坚、张耒、秦观等文人学士参与组成的有共同思想基础与学术倾向的学派。

　　在经学成就方面，苏轼著有经学三书——《苏氏易传》《东坡书传》《论语说》。

　　北宋苏洵、苏轼、苏辙父子三人合作注释了《周易》。苏洵作《易传》未成而卒。嘱二子轼、辙完成。苏轼先写成，苏辙乃送所作于苏轼。今书中蒙卦解乃是苏辙所作。因最后完成于苏轼之手，乃题曰《东坡易传》，实为父子三人合力而为，故今题为《苏氏易传》。

　　图2-6为"书房"展区实景。

图2-7 "生长于斯颂家风" 展厅

（二）第二单元：生长于斯颂家风

　　由唐而宋，眉山发展成为书刊之城。至北宋末年，西南地区的出版中心由成都南移眉山。其时学风蔚然，士人"相继登于朝，以文章功业闻于天下"。三苏父子，由眉山走出，留名青史。而苏氏读书正业的家风，超越了家族，深深地融入中华文化（图2-7）。

1.眉州宋韵

　　眉州地处峨眉山阴，岷江河畔，沃土千里，物产丰饶，故称"坤维上腴，岷峨奥区"。宋代，眉州文教昌盛，书院林立，藏书楼众多，印刷业发达，与浙江杭州、福建建阳构成全国三大出版中心。百姓读书风气盛行，"佣贩皆诗书"，文化名人、文化家族不断涌现，三苏父子、李焘家族彪炳千古，高中进士者多达886人。宋仁宗感慨"天下好学之士皆出眉山"，南宋诗人陆游赞誉眉州云"孕奇蓄秀当此地，郁然千载诗书城"。

2.三苏父子

　　"三苏"并称始见于宋王辟之《渑水燕谈录》。该书卷四"才识条"说："苏氏文章擅天下，目其文曰'三苏'，盖洵为老苏，轼为大苏，辙为小苏也。"

　　苏洵（1009—1066），字明允，自号老泉，汉族，眉州眉山（今四川省眉山市）人。北宋文学家，"唐宋八大家"之一。苏洵的文学主张与创作实践，是北宋欧阳修倡导的诗文革新运动的有机组成部分。苏洵的文章古朴简劲，博辩宏伟，纵厉雄奇，言辞锋利，历代公认具有纵横家的雄辩之风，代表作是《六国论》。其诗作不多，仅存50余首，精深有味，语不徒发，正类其文。

　　苏洵"为人聪明，辩智过人"，书法也颇具风格。明代陶宗仪《书史会要》载："老泉工书法，气韵有余，蜀人不能书，元祐间轼以字画名世，其实滥觞于洵。"苏洵存世的墨迹仅有两帖，即《致提举监丞帖》和《陈元实夜来帖》，但对两帖是否为苏洵作品，学界存有争议。

　　苏轼（1037—1101），字子瞻，又字和仲，号铁冠道人、东坡居士，世称苏东坡，汉族，眉山人，北宋文学家、书法家、画家。他在诗、词、文、书、画等方面取得很高成就：诗题材广阔，清新豪健，善用夸张比喻，独具风格，与黄庭坚并称"苏黄"；词开豪放一派，与辛弃疾同是豪放派代表，并称"苏辛"；散文著述宏富，纵横恣肆，豪放自如，与欧阳修并称"欧苏"，为"唐宋八大家"之一；善书法，为"宋四家"之一；擅长文人画，尤擅墨竹、怪石、枯木等。

　　苏辙（1039—1112），字子由，一字同叔，晚号颍滨遗老，汉族，眉山人，北宋文学家、官员，"唐宋八大家"之一。苏辙存诗1700余首，其诗高雅闲淡，有如崇山茂林，幽深难测。苏辙的文学成就主要在散文方面，各类文章达1100多篇。苏辙提出了著名的"文气说"，认为"文不可以学而能"，但"气可以养而致"。其书瘦劲可喜，有东坡之风。少雍容，多沉着。苏辙存世的14篇墨迹均为信札，是苏辙与亲友来往书信的无意而为的"书法作品"。

3.少年东坡

苏轼少年时代先后跟从眉山天庆观道士张易简、州学教授刘微之学习。父亲苏洵是一代文章宗师，引导苏轼文章"有为而作"；母亲程氏知书识义，常常"称引古人名节"，砥砺苏轼；弟弟苏辙与苏轼共同读书作文，交流学问，"闭门书史丛，开口治乱根。文章风云起，胸胆渤澥宽"。学校、家庭教育相得益彰，由此苏轼得以熟读经史，文如泉涌，纵论古今，胸怀大志。此外，苏轼性格活泼，喜爱自然，热衷登山涉水、春游踏青、种树觅果、游览蚕市，性情舒展释放、性灵自在挥洒。

4.名动京师

嘉祐元年（1056），苏洵带着19岁的苏轼和17岁的苏辙进京应试。苏轼以一篇《刑赏忠厚之至论》，获得第二名；又参加《春秋》对义，得第一名。嘉祐六年（1061），苏轼应中制科考试，入第三等（图2-8）。

嘉祐二年（1057）二月，已届知天命之年的欧阳修做了礼部贡举的主考官。礼部考试阅卷时，一篇题为《刑赏忠厚之至论》的文章使欧阳修眼前一亮，认为其文风质朴、立论深邃。但他以为是自己的学生曾巩所作，为了避嫌而录为第二名。欧阳修就这样认识了苏轼。很久以后，他对儿子谈起自己和苏轼："记住我的话，三十年后，无人再谈论老夫。"还说："老夫当退出，让此人出人头地。"

嘉祐二年（1057），苏轼、苏辙中进士，遇母丧，服孝两年有余。嘉祐四年（1059）十月，苏洵携子苏轼及轼妻王弗、子迈、乳母任采莲，苏辙及辙妻史氏、乳母杨金蝉，一同赴京。本次路途顺岷江、长江而下江陵，再转陆路，北上汴京。路途中游山玩水，苏洵、苏轼、苏辙各作诗文，至江陵时，苏轼集三人之作凡百篇，并作《南行前集叙》；自江陵至京城，凡七十三篇，汇为《南行后集》，苏辙为作《南行后集引》。

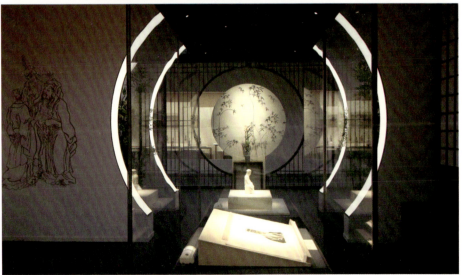

图2-8　"名动京师"展区（组图）

北宋是中国历史上文化繁荣的黄金时期，才子名家灿若星河，在各个领域百花齐放，"仁宗盛治"被林语堂等诸多学者赞为中国历史上文人"最好的时代"。北宋的文人集团甚多，其中以天圣时钱惟演的洛阳幕府文人集团、嘉祐时欧阳修的汴京礼部进士集团、元祐时苏轼的汴京馆阁学士集团的发展层次最高，具有文学社团的性质，而且代代相沿，形成系列。三大集团的核心成员均为北宋文学最主要的代表作家，彰显了文学的最高成就。

三、第二部分：跌宕起伏的一生

第二部分"跌宕起伏的一生"以苏轼的宦迹为轴，通过"意气风发志四方""一蓑烟雨任平生""乐观豁达行九州""至亲至爱驻心间"四个单元展示这位逆旅行人的通达志向（图2-9）。

从春风得意的科场奇才，到谪居落寞的戴罪犯官，苏轼的一生几经起落。纵然宦海沉浮，百姓万民之忧乐总是挂在他的心间。兴修水利、赈济灾民、减免租税、平反冤情、为民请命……每到一地，苏轼总是造福一方。然而，正直的人格、独立的政治主张、不愿趋炎附势的姿态，使他既不容于元丰，又不得志于元祐，更受摧折于绍圣。在惠州的松风阁流连漫步时，他想到的是"此间有什么歇不得处"，能放下的是个人恩怨及功名利禄。

（一）第一单元：意气风发志四方

嘉祐六年（1061），苏轼开始了他颠沛流离的仕途生涯。无论是居庙堂之高，还是处江湖之远，苏轼始终以一腔热情，意气风发地投入为国为民的行动中。他从朝廷到地方，从地方返朝廷，又回到地方，再大的挫折也动摇不了他忧国忧民的初心。他官至端明殿学士兼翰林侍读学士、礼部尚书，先后出任凤翔、杭州、密州（今山东省潍坊诸城市）、徐州、湖州、颍州（今安徽省阜阳市）、扬州、定州等地的地方官，以其卓著的政绩彪炳史册。

1.凤翔签判

苏辙19岁时，与苏轼赴京应试路经渑池，同住县中僧舍，同于壁上题诗。嘉祐六年（1061）冬，苏辙送苏轼至郑州，又要经过渑池，因而作《怀渑池寄子瞻兄》，苏轼又作和诗《和子由渑池怀旧》："人生到处知何似，应似飞鸿踏雪泥。泥上偶然留指爪，鸿飞那复计东西。老僧已死成新塔，坏壁无由见旧题。往日崎岖还记否，路长人困蹇驴嘶。"此诗前四句以"雪泥鸿爪"比喻人生，把人生看作漫长的征途，后四句照应"怀旧"诗题，以叙事之笔，深化雪泥鸿爪的感触。全诗动荡明快，意境恣逸，圆转流走，一气呵成，是苏轼七律中的名篇。

宋仁宗赵祯嘉祐六年（1061），苏轼以"贤良方正直言极谏"策问荣登制策榜首，授大理评事，签书凤翔府节度判官。第二年春，凤翔久旱不雨，苏轼与知府往太白山求雨，祭祷灵验，大降甘霖，解除大旱。正好，苏轼的亭子也刚建成，于是他欣然以"喜雨"命名，并写下著名的《喜雨亭记》。

凤翔历史悠久，文物古迹众多，苏轼曾多次考察这里的遗迹、遗物。他在《凤翔八观》中记叙了石鼓、秦穆公墓、吴道子画等八处（件）文物。苏轼在凤翔任职三年，写了160多篇（首）文章诗词，可谓"三载判凤郡，下笔如有神"。其中最有名的

苏轼宦迹

常州

金陵
1084
(南京)

黄州
1082

图2-9 "跌宕起伏的一生"展厅入口

图2-10 "杭州西湖"多媒体展项

4.自密徙徐

熙宁七年（1074），苏轼以太常博士、直史馆，权知密州军州事，即密州知州。恰逢密州连续七年大旱，蝗灾泛滥。苏轼一面积极上书朝廷，要求减免密州一带百姓的赋税，放行盐禁，帮助百姓解决衣食问题，一面组织僚属，率领民众积极投入灭蝗斗争。苏轼还竭力镇压一部分"乐祸不悛"的"凶残之党"，"诛一以警百"，既打击了盗贼，又挽救了那些误入歧途的人，维护了密州人民的安全，保证了抗旱灭蝗斗争的顺利进行。此外，他多次率吏民到常山古泉祈雨。古时称祈雨为雩，苏轼便以此为古泉命名，建亭于泉上，并写下《密州常山雩泉记》。

熙宁八年（1075），苏轼修整密州城北城墙，在北城墙的西城台上复加楼房，他的弟弟苏辙给这个城台取名叫"超然"。故此，苏轼写了《超然台记》。历代许多文人墨客、达官显贵都曾在此凭吊苏轼并留下大量名诗佳作。

熙宁八年（1075）十月，苏轼在密州祭常山回，与同官会猎于铁沟附近，写下《江城子·密州出猎》。苏轼词风于密州时期正式形成，这首词即公认的苏轼的第一首豪放词。

熙宁十年（1077），苏轼初知徐州即面临突发洪水的严峻考验。他亲赴抗洪一线，与彭城父老筑堤抗洪。经过苏轼的精心布置与多方协调，徐州终得保全。为此，苏轼与徐州百姓修建黄楼以表纪念。苏辙作《黄楼赋》，苏轼亲笔书写刻成碑。惜宋碑已毁，现存为明代摹刻碑。

洪水退后，徐州大旱。苏轼到城东石潭（龙湫）求雨，他按照民间传统，将虎头放进水潭，以激怒伏龙，龙虎相斗则雷雨齐至，可解除旱情。苏轼祭拜后果然大雨倾盆。苏轼有《起伏龙行》诗记述此事。

苏轼知徐州期间，在徐州发现煤田，帮助百姓解决冬季燃料不足问题。他致力于徐州冶铁业发展，以煤炭为燃料提高炉温，生产出优良的武器和工具。天灾人祸致使盗贼猖獗，监狱人满为患，犯人生活环境恶劣。对此，苏轼不仅积极改善监狱卫生条件，而且采取措施医治病因。当时京东恶盗多出逃军，为革除陋规，苏轼积极整治地方军政，扭转徐州不良社会风气，稳定徐州社会治安。

5.断续在朝

元丰八年（1085），宋哲宗即位，太皇太后高氏临朝听政，司马光被起用为相，一反新法政策。苏轼得司马光、范纯仁推荐，复官朝奉郎、知登州（今山东省蓬莱市）。是年底，苏轼从登州知州任上回京任职，先后任礼部郎中、起居舍人、中书舍人、翰林学士、知制诰、兵部尚书、礼部尚书等，被委以重任。

元祐二年（1087），苏轼以翰林学士兼任侍读。他尽职尽责，每当讲到历代治乱兴衰、邪正得失的时候总是反复教育皇帝，希望能对其有所启发，又提醒皇帝要严明赏罚、整顿军务。

元祐三年（1088），苏轼权知贡举，主持科举考试。当时天气严寒，考生坐在庭院中考试，冻得话都说出不来。面对这种情况，苏轼放松了对他们的人身限制，使他们能够施展出全部才能。此外，巡查的内侍常常侮辱应试的举子，甚至诬陷他们有罪，苏轼上奏朝廷把这些内侍全部赶走了。

6.以谗请外

元丰八年（1085），苏轼离开杭州，准备去拜访一位叫吴德仁的朋友。同时，他作了一首诗寄给吴德仁，顺便调侃了一下陈季常。于是，就牵出了那一桩著名的"河东狮吼"公案，陈季常也因此成名。

元祐年间，司马光主政，全面废除新法，苏轼却主张"参用所长"，认为新法也有可取之处，遭到攻击。苏轼始终处于政争旋涡中，不得不多次自请外放。元祐四年（1089），知杭州；元祐六年（1091），苏轼以龙图阁学士知颍州；元祐七年（1092），以龙图阁学士、左朝奉郎、知扬州军州事，充淮南东路兵马钤辖；

元祐八年（1093），以端明殿学士、翰林学士、左朝奉郎除知定州。

苏轼在颍州知州任上，叫停了劳民伤财的八丈沟工程，同时浚治清河和颍州西湖等，使颍州西南一带大获水利之益。

元祐七年（1092），苏轼从颍州赴扬州任职，"屏去吏卒，亲入村落，访问父老"。庄稼长势很好，但百姓并不高兴，说丰年还不如凶年。原来，农民丰年必须交纳因连年灾荒积累下来的债务，即所谓"积欠"。初夏，扬州附近几个州县瘟疫开始蔓延，苏州、湖州人死过半。苏轼上书朝廷，要求宽延上交积欠，以助百姓渡难关，获皇帝恩准，诏令宽免一年。苏轼在《和陶饮酒二十首》（十一）中表达了他的欣慰与兴奋之情："民劳吏无德，岁美天有道。……诏书宽积欠，父老颜色好。"

扬州芍药万花会始于知州蔡京，规模浩大，"用花十余万枝"。花会一年一度循习而办，享受的是官僚豪绅，衙役恶吏乘机敲诈，遭殃的是平民百姓。苏轼恪守的是民本思想，宁可煞风景，也不愿劳民伤财。他在给朋友的信中说："花会检旧案，用花千万朵，吏缘为奸，乃扬州大害，已罢之矣。虽杀风景，免造业也。"

元祐八年（1093），苏轼出知定州，将自己的书童高俅推荐给王诜，后高俅通过蹴鞠得到端王的赏识。端王登基后，高俅也随之平步青云，当上了北宋的太尉。

（二）第二单元：一蓑烟雨任平生

"问汝平生功业，黄州惠州儋州。"苏轼在 20 岁时中进士，可谓少年得志；中年以后，从北到南，却是接连被贬，直到被贬到遥远的海南岛。这种跌宕起伏、四海飘零的人生，却被苏轼过得有滋有味。身处顺境，他能享受最好的；身处逆境，他能承受最坏的。青年时看远，中年时看开，老年时看淡。

　　黄州是该部分的展示重点。苏轼不仅在此地自号为"东坡居士"，更赋予了赤壁文学艺术上永恒的魅力。此次展览中，观众能看到赤壁夜游及前后赤壁赋牙插牌、青花后赤壁赋笔筒、东坡夜游图扇面、明代仇英的《后赤壁赋》图卷等珍贵文物，一窥苏轼在黄州的精神面貌。

1.乌台诗案

　　元丰二年（1079）三月，苏轼调任湖州，有御史大臣上表弹劾苏轼，奏苏轼移知湖州到任后谢恩的上表中，用语暗藏讥刺朝政，随后又牵连出大量苏轼诗文为证。御史台中野乌鸦数千栖居柏树上，故称御史台为"乌台"。八月，苏轼被押解入狱103天。这就是历史上著名的"乌台诗案"。苏轼在狱中写下《狱中寄子由二首》。

2.被贬黄州

　　对苏轼来说，黄州（今湖北省黄冈市）时期既是他的人生低谷期，也是他的艺术和精神境界达到高峰的时期。短短5个年头，他写出了豪放派开宗之作《念奴娇·赤壁怀古》，写出了"二赋双珠可夜明"的《赤壁赋》《后赤壁赋》，写出了中国古代三大行书之一的《黄州寒食诗帖》，写出了轻快恬淡的短游记《记承天寺夜游》，在黄州耸立了一座光耀千秋的文化丰碑。他在《赤壁赋》中写道："且夫天地之间，物各有主，苟非吾之所有，虽一毫而莫取。"（图2-11）

3.元祐党争

　　所谓"元祐党争"，指宋哲宗元祐年间（1086—1094）新党、旧党之间及旧党内部发生的政治斗争活动。其导火索是宋神宗与王安石主持的变法运动。变法推行期间，对变法持反对意见的臣僚（一般称旧党）纷纷罢黜赋闲。神宗去世后，高太后主政，以司马光、吕公著为代表的旧党重新上台。他们在全面废罢新法的同时，

图2-11 "被贬黄州"展区

意气用事，党同伐异，对新法的推行者与支持者（一般称新党）予以严厉打击。随着新旧党争的加深与扩大，掌权的旧党内部也因政见相左，公开分裂为洛、蜀、朔等派系。以苏轼为代表的"蜀派"，虽属旧党阵营，但其并不主张对新法予以全盘否定。因此，当王安石颁布免役法时，苏轼不赞同；而当司马光上台后恢复差役法时，苏轼同样不赞同。这种"摇摆不定"的政治立场让苏轼吃尽了苦头。元祐年间，苏轼始终处于政争旋涡，不得不多次自请外放。

北宋徽宗时蔡京专权，把元祐、元符间司马光、文彦博、苏轼、黄庭坚、秦观等309人列为奸党，将其姓名刻石并颁布天下，后徽宗下诏毁其碑。现存碑刻为南宋庆元四年（1198）梁律据家藏旧本重刻，另一块在广西融水苗族自治县真仙岩，为宋嘉定四年（1211）沈晔重刻。

4.吾乡惠州

绍圣元年（1094），朝廷以讥斥先朝的罪名将苏轼贬为英州（今广东省英德市）知州，再贬为宁远军节度副使、惠州安置。苏轼到惠州先居合江楼，后迁白鹤峰。生活的困苦无改苏轼以民为本的初衷，他在惠州为造福百姓办了许多实事，包括出资、募捐修建东新桥、西新桥，推广农业机械"秧马"，引蒲涧山滴水岩泉水入广州城，等等。

5.教化儋州

绍圣四年（1097），苏轼60岁，再贬琼州别驾，昌化军（今海南省儋州市）安置，过着"多情多感仍多病"的日子。生活在"食无肉，病无药，居无室，出无友，冬无炭，夏无泉"的环境中，苏轼仍能潜心创作，并且热情帮助当地百姓——指导打井、劝农护牛、开馆办学，使海南诞生了历史上第一位进士。《琼台纪事录》载："宋苏文忠公之谪儋耳，讲学明道，教化日兴。琼州人文之盛，实自公启之。"

6.北归相送

元符三年（1100），哲宗去世，宋徽宗即位，朝廷赦令苏轼北归。苏轼离开儋州时，儋州百姓以及他的朋友黎民表携酒相送，执手泣涕，他遂写《别海南黎民表》，劝慰别离之苦。

7.魂归常州

元符三年（1100），宋徽宗即位后，苏轼遇朝廷大赦，渡海北归。复朝奉郎，提举成都玉局观。宋徽宗建中靖国元年（1101），苏轼病逝于常州，葬于汝州郏城县钓台乡上瑞里（今河南郏县茨芭乡苏坟村东南隅），终年64岁。

（三）第三单元：乐观豁达行九州

苏轼仕途曲折，历尽升沉，面对跌宕起伏的人生境遇，他总能以乐观豁达的态度面对。儒家积极入世、刚正不阿、恪守信念的人格理想与佛、禅、道诸家超越世俗的人生追求构成了苏轼洒脱无拘、随缘自适、超然物外、安然自得的人生哲学。林语堂曾说苏轼"是个秉性难改的乐天派"，正是这份乐观豁达，让苏轼在遭遇贬谪的悲凉境遇中，用美食消解苦难、装点人生，从而也为今人的饭桌增添了几道不寻常的美味。

1.寄情山水

宋代文人士大夫追求自然，寄情山水，这在宋人山水画中多有体现。苏轼被一贬再贬，其间有太多的不如意，但是他通过寄情山水来排遣心中的郁闷。在纵情山水中，他不仅领略了人生的另一种乐趣，变得更加淡泊和旷达，而且挥毫留下诸多千古名篇。

2.竹院品古

北宋时文人士大夫盛行品鉴古玩，苏轼及其友人王诜、李公麟、米芾等以鉴古知名。明代仇英的《竹院品古图》，画的正是苏轼与米芾等好友赏鉴古物文玩的场景。在这幅画中，仇英精密排布了各式家具、人物、古玩等，呈现了一幅繁盛丰美的文人雅集图卷。

北宋熙宁六年（1073）春，苏轼出任杭州通判时，从富阳、新城（今杭州富阳区新登镇）取道浮云岭，进入於潜县境"视政"。在与僧慧觉游览寂照寺，寺内有绿筠轩，以竹点缀环境，十分幽雅，便写下了《於潜僧绿筠轩》。此诗歌颂风雅高节，批判物欲俗骨，竹本身的虚心而直、不畏霜雪契合了中国文人士大夫的气质。

图2-12 "把酒言欢"展区

3.东坡美食

除了东坡肉，苏轼还开发了其他美食，比如东坡鱼、东坡肘子、东坡豆腐、东坡羹、东坡饼、东坡酥等。以"东坡"命名的菜有60多道，苏轼有近50首诗词是关于美食的。

4.把酒言欢

苏轼爱酒之深可谓到了"痴"的程度，其300余首传世的词作中，"酒"字出现了90多次。美酒点燃了苏轼文学创作的火花，激发了他横溢的文艺才华（图2-12）。苏轼不仅爱喝酒，而且对酿酒独有心得。酿酒成为他在人生低谷期的一大乐事。

图2-13 "修养身心"展区

5.风雅情趣

　　苏轼不仅是一位伟大的文学家，也是一位熟谙茶道的高手，他一生与茶结下了不解之缘，能从茶中品出生活的真味、世间的真情、人生的真谛。

　　苏轼一生爱香，无论是在朝为官，还是被流放，他都未曾离开过香，可以说，"他的灵魂有香气"。文人的香事，不只是一种风雅的点缀，而且是融入他们骨子里的一种生活情趣、一种性灵追求。苏轼爱香，不仅因香的风雅，还因燃香所营造的独特意境。

6.修养身心

　　苏轼广泛采集民间养生卓有成效的方法，摘录古代书籍中的养生精要，加以认真研究，细心筛选，反复实验，将确有实效的方法保留，供长期使用。苏轼认为，养生必先养心，心即人的思想、精神活动。他主张身体要"和"与"安"。所谓"和"，就是身体要适应客观环境的变化，保持平和，以不变应万变；所谓"安"，就是不管客观条件如何变化，心灵始终保持安定。苏轼认为，只有品德和修养俱佳的人，才能掌握养生之道（图2-13）。

（四）第四单元：至亲至爱驻心间

苏氏父子在中国历史上极具传奇色彩。父慈子孝，兄友弟恭，苏氏家风家传早已超越了一宗一脉的意义，深深地融入中华优秀传统文化，代代相传。苏轼一生有过三次婚姻，三位王姓女子都给予了他全部的爱，陪伴他度过了不同时期。共甘苦，不离弃，是世间爱情最好的样子。北宋是文人与红颜故事频出的时代，苏轼虽有三段情，但段段都为二人世界。

1.父母之亲

嘉祐二年（1057）母丧，治平三年（1066）父丧，苏轼、苏辙兄弟二人均回家服孝两年有余。苏洵家族墓地，又名苏公墓，位于眉山市东坡区土地乡内，是四川省重点文物保护单位。占地面积200亩（1亩≈667平方米），保护范围1000亩。苏洵及夫人程氏合葬于此。苏轼原配夫人王弗"葬于先君先夫人墓之西北八步"，有苏轼、苏辙衣冠冢于此，令苏轼梦回"千里孤坟""明月夜，短松冈"之地。

2.兄弟情深

苏轼、苏辙兄弟二人，年龄相近，受乃父苏洵教诲，感情和睦，相亲相爱，相互劝勉，相互激励，相互敬重，相知相随。他们志趣相投，无话不谈，一生中书信不断，其中诗词唱和就有近200首，更有不少诗词脍炙人口，千古传诵，诸如妇孺皆知的苏轼的中秋诗词名篇《水调歌头·明月几时有》（图2-14）。

3.恩爱知音

在苏轼的爱情生命中，有三个女人是最重要的。这三位妻妾，一位是刻骨铭心的初恋，一位是相敬如宾的续弦，最后一位是他的红颜知己和灵魂伴侣。

图2-14 "水调歌头"场景设计

四、第三部分：千年一遇的全才

第三部分"千年一遇的全才"由"独领风骚大文豪"和"书画一律自成体"两个单元组成，选取了苏轼的部分诗词书画作品，彰显其卓越的文学与艺术才能（图2-15）。

苏轼以其卓越的创作才能成为文学史上旷世无双的多面手，是当之无愧的宋代文坛领袖。其散文标志着北宋古文运动的最高成就，创造了新一代文赋，开明清小品文之先河。苏轼在书法上创立了尚意书风，又是文人画的倡导者，其绘画理论影响了一代又一代艺术家。苏轼在文学、艺术等领域创造了令后世景仰的至高成就，被誉为千古第一文人，列唐宋八大家之首，堪称旷世奇才。

图2-15 "千年一遇的全才"展厅

（一）第一单元：独领风骚大文豪

在两宋文风转变过程中，苏轼是关键人物。他博擅众艺、著述繁富，是少有的文学天才，与欧阳修并称"欧苏"，与黄庭坚并称"苏黄"，与辛弃疾并称"苏辛"。其文如行云流水，且随物赋形、题材广阔、清新豪健；其诗善用夸张比喻，独具风格；其词开豪放一派，与辛弃疾同是豪放派代表。苏轼为后世留下了众多影响深远的作品（图2-16）。

1.清新自然

苏轼存诗2700多首，其诗气势豪迈、清新自然、信手拈来、亦庄亦谐、大巧若拙，兼具李白的浪漫主义与杜甫的现实主义之风，富于人民性，开辟了宋诗新风。苏轼

图2-16　"苏轼诗词"多媒体展项

晚年追求陶渊明闲淡简远、韵味无穷的艺术风格，代表作品有《和子由渑池怀旧》《惠崇春江晚景》《饮湖上初晴后雨》《题西林壁》《赠刘景文》等。

2.豪放浪漫

北宋早期的词大多柔靡纤弱、哀婉凄迷，至苏轼则"一洗绮罗香泽之态，摆脱绸缪宛转之度"。苏轼以他卓越的才华，开创了豪放词派的先河，在内容、题材、风格、意境及形式格律的创新突破等方面，都达到了新高峰。苏轼的词作存世的约有 340 首，可分为清旷、豪放、婉丽三类。他的豪放词雄伟奔放，坦荡高亢，令人耳目一新；他的清旷词和婉丽词风格清新瑰丽，富有浓郁的浪漫主义色彩。

3.气势磅礴

苏轼是继欧阳修之后宋代古文运动的领袖，他杰出的散文作品，标志着从西魏发端、历经唐宋的古文运动的重大胜利。苏轼的散文留存至今的有 4000 余篇，如行云流水、姿态横生、气势磅礴、挥洒自如。他不拘题材、不拘形式，有感而发，常常信手拈来、自然成文。行文章法奇特、波澜起伏、深邃跌宕、意趣不凡，成为后世文人学习的楷模。

（二）第二单元：书画一律自成体

苏轼学识渊博、多才多艺，不仅在诗词、散文方面造诣深厚，而且在书法、绘画方面颇有成就。其书法注重尚意，称为"苏体"，列为宋代四大书法家（苏轼、黄庭坚、米芾、蔡襄）之首。他也是中国文人画的开创者，提出的"文人画"概念奠定了文人画的理论基础（图 2-17）。

1.形神兼备

苏轼认为"论画以形似，见与儿童邻"，他在提倡形似的同时，强调神似，重在神韵意境、内在激情、诗书画一体的文人画理念。在他之后，文人画逐渐成为中国绘画的主流。苏轼还是湖州墨竹派的创始人之一，其"胸有成竹"的绘画理论影响深远。他擅画人物、花鸟、佛像，历代画史著录中记载的有《螃蟹图》《雪鹊图》

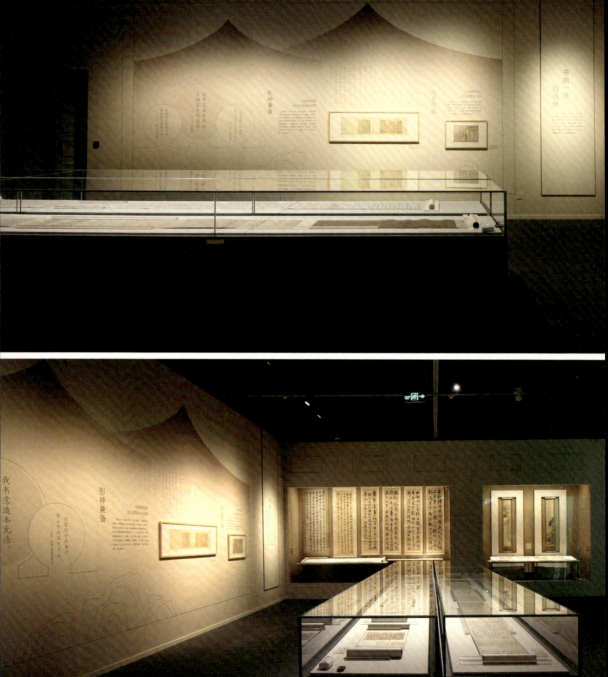

图2-17 "书画一律成自体"展厅（组图）

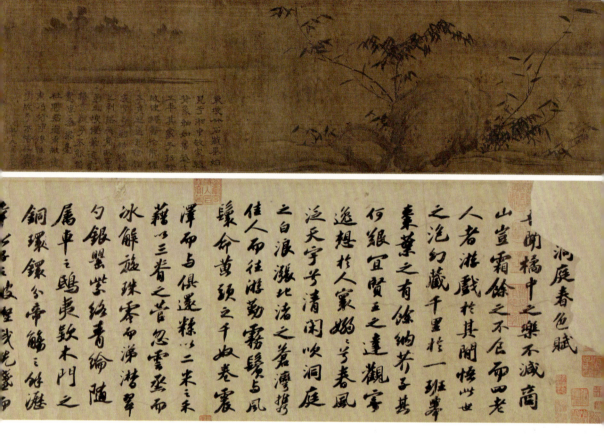

图2-18 苏轼《潇湘竹石图》 中国美术馆藏（上）
图2-19 苏轼《洞庭春色赋·中山松醪赋》卷（局部） 吉林省博物院藏（下）

《乐工图》《自画背面图》等，传世至今的有《潇湘竹石图》（图2-18）以及《枯木竹石图》《墨竹图》。北宋元丰七年（1084），苏轼受邀赴友人家，乘酒兴作《潇湘竹石图》。画面枯木一株，干偃枝曲，逆顺有势，周匝缀以坡石、丛竹。石不作皴，略微着墨，颇具腴润之感；丛竹蔓衍，倚石起伏，野趣横生。画作信手铺就，不求形似，不具皴法，颇为独特。

第二单元展出的苏轼真迹《潇湘竹石图》、《洞庭春色赋·中山松醪赋》卷（图2-19）、《阳羡帖》（图2-20）是一大重点、亮点，观众能直观感受到苏轼

图2-20　苏轼《阳羡帖》　旅顺
博物馆藏

的书画造诣。苏轼十分欣赏竹的君子气节，曾说"宁可食无肉，不可居无竹"，展厅内随处可见的竹元素也呼应着他的人生追求。

2.尚意苏体

苏轼的书法融汇晋、唐、五代诸家之长而自成一格，用笔多取侧势，结体扁平稍肥。他自称"我书意造本无法""自出新意，不践古人"，提出"尚意"书风理念，追求"诗画本一律,天工与清新"的审美理想。黄庭坚评价其"早年用意精到,不及老大渐近自然"。

"洞庭春色"和"中山松醪"均为酒名。苏轼在颍州任上时,安定郡王赵世淮以黄柑酿酒,取名"洞庭春色"。他的儿子赵德麟,当时任颍州签判,与苏轼交好,以洞庭春色酒赠送苏轼。苏轼外任定州时以松醪酿酒,定州是古中山国,故苏轼给酒取名"中山松醪"。苏轼被贬惠州、前往岭南的途中遇大雨,乘兴作二赋述怀。文章豪放畅达、想象丰富,书法沉雄劲健、一气呵成,珠联璧合,堪称双绝。

而透过苏轼的另一幅真迹《阳羡帖》,观众可以了解苏轼曾经想要定居阳羡(今江苏省宜兴市)并四处求田问舍的故事。帖中的字或大或小、或倚或斜,完全是遵从文意的信笔书写,在跌宕自然中给人以飘逸洒脱之感,体现出苏轼"我书意造本无法,点画信手烦推求"的书法特点。

五、第四部分:人间有味是清欢

第四部分"人间有味是清欢"包括"西园雅集叙佳话""友人佳作品情谊"两个单元,以苏轼的人际交往为切入点,再现了北宋名士的群像风貌。

苏轼的朋友圈既有宰辅重臣、地方干吏,又有文坛盟主、艺界大师;既有高僧名道、淡泊隐士,又有乡绅农夫、村妇歌女。正如他自己所说:"吾上可陪玉皇大帝,下可以陪卑田院乞儿,眼前见天下无一个不好人。"苏轼一生仕

图2-21 "西园雅集叙佳话"展厅

途坎坷，历尽艰辛，但无论他走到哪里，身边总有朋友给予关照、帮扶。这些来自朋友的温暖伴随着苏轼的一生。

（一）第一单元：西园雅集叙佳话

崇文抑武国策的确立，经济的发展和金石学的兴起，使宋代兴起了仿古鉴古之风。文人墨客经常举办各类集会，品鉴书画、吟诗作赋、弹琴下棋、饮茶博古（图2-21、图2-22）。元祐年间，在驸马都尉王诜府邸举行的以苏轼为文坛盟主的16位文人高士的一次聚会，成为历史上文坛之佳话、雅集之盛事。

图2-22　王式《西园雅集图》　眉山三苏祠博物馆藏

（二）第二单元：友人佳作品情谊

　　宋代，是中国历史上的文化丰盛时期，出现了欧阳修、司马光、范仲淹、王安石、黄庭坚、米芾、蔡襄等文化名人，他们创作了大量流芳百世的作品。苏轼生于这一时代，受前人指导，与今人结交，互相学习、相互欣赏、相与有成。

　　北宋文学家黄庭坚、秦观、晁补之、张耒、陈师道、李廌六人，因常与苏轼交游或为苏轼所荐拔，故称"苏门六君子"，前四人也称"苏门四学士"。"苏门四学士"这一称号只是表明这四位文人得到过苏轼的垂青和指导，而并不意味着他们或他们与苏轼可以统称为一个文学流派，其风格实则各有千秋。

六、尾声：东坡颂

　　尾声"东坡颂"展厅展出了后人的各类赞颂之作，使观众得以一览苏轼的人格闪光点与巨大影响力（图2-23）。

　　回首千年看居士，千古一人苏东坡。他热爱生活，旷达乐观，入凡尘，接地气；他平凡又尊贵，随俗又清傲，普通又杰出，渺小又伟大。"儒家喜其忠，道家喜其旷，佛家喜其空，文人喜其雅，平民喜其义。"在众多名人中，世人大都最爱苏轼，

图2-23 尾声"东坡颂"展厅

不为别的，只因他身上始终彰显着鲜活的生命力。

明代张弼临苏轼《太白诗卷》、清代郑燮行书苏轼语、清代王古灵"东坡焚券"扇面、民国张大千《坡公偃松图》等后世文人的墨迹在展厅内集中亮相，连缀出一条不曾间断的苏轼"流行史"。岁月悠悠，或许不同时代的审美取向、表达介质有异，但苏轼毫无疑问是他们共同的精神归属。

《钱谦益》

《答徐祯起书》

古今之文
雄浑激射
累千百言
如一气回复者

古今之文

　　苏轼曾说"用舍由时，行藏在我，袖手何妨闲处看"，这种博大的情怀、宽广的胸襟贯穿其一生。他有天真烂漫的赤子之心，有悲天悯人的人间情怀，有刚正不阿、恪守信念的人格理想，又保持了文人超越于世俗的艺术追求。苏轼浪漫而深情，诙谐又有趣。他的影响早已跨越时空，他的精神犹如灯塔，为世人照亮前路。苏轼不愧为世界的"千年英雄"。

回望東坡

Looking Back on
Su Shi

策 展

见天地　见众生　见自己

　　"苏轼主题文物特展"从立项、内容方案设计、形式方案设计、实施到开展，历时135天，展厅设计及实施面积2000平方米，室外面积约300平方米。此项目除了展厅设计和展览搭建，还包含了多媒体和互动内容设计，文物保险及运输、布展等，任务紧迫且要求极高。因此，对策展人来说是一个全方位的考验。

　　策展过程中，我们希望"苏轼主题文物特展"为观者提供一个"见天地—见众生—见自己"的窗口。在对历史长河中文化巨匠的回望之中，观众可以认识到天地与历史的远阔，可以了解到北宋文人如何生活、今日众生如何从苏轼的思想中获得启迪，从中反观自己，从而走向自我释然与自我解放。这不仅是一次对苏轼的致敬之旅，更是一场跨越时空的心灵对话，是一次面向自我、面向众生、面向天地的思索之旅。

　　天地，是我们生存的世界，也是历史的延续。所谓"四方上下曰宇，往古来今曰宙"，"苏轼主题文物特展"通过对苏轼叙事的解构与重构，引入"他者"视角，以苏轼的一生为线索，将一代文化巨匠的风采淋漓尽致地展现出来。从"一门三杰孕于蜀""跌宕起伏的一生""千年一遇的全才"到"人间有味是清欢"，展品串联着历史的节点，勾勒出苏轼在治国理政、文学艺术、精神品格等方面的卓越成就，营造了一场丰富多彩的主题文化大展。为了让观众更加沉浸地体验北宋天地、感知历史，"苏轼主题文物特展"在形式设计上以点带面、以小见大地创造了宋代时空下的美学氛围，将苏轼所处的宋代时空重新呈现。深浅相间的色彩、恰到好处的灯光设计巧妙地诠释了宋代的审美理念，展现了宋代文人所崇尚的雅致格调。空间装置与隔断的设计则让观众在展区中穿行自如，为观众提供了一个与苏轼诗词、历史文化接触的现实空间。

众生，是展览的叙事者，也是受益者。"苏轼主题文物特展"力图通过多维度的展示，引导观众探索苏轼丰富的人生底色和深厚的文化底蕴，让观众在不同的场域中逐步发现苏轼，在不同的视角下全面认识苏轼，并成为苏轼的"友人"。青年观众在展览中将苏轼的形象、作品与自己的成长体验和学习经历联系起来，尝试用自己的方式理解苏轼；中老年观众关注到展览对苏轼人生经历的深度诠释，借助展品和讲解词，对苏轼的文化影响和苏轼生活的时代有更多的了解，并将之与当下的社会生活联系起来。

而我们自己，身处其中，是观展者也是历史的回望者。"苏轼主题文物特展"见证历史的荣耀与沧桑，呈现文化的传承与创新。在这里，我们不仅是观者，更作为参与者，与历史、文化、时代对话。"苏轼主题文物特展"不仅展现了苏轼的伟大，更促使观众思考自身在历史长河中的定位，以及在文化传承中承担的责任。

在这场文化盛宴中，观众可以感悟苏轼广博的智慧与高洁的情怀，思索历史的轨迹，让心灵在这一浩瀚的文化海洋中航行，为自己的文化认同找到更加清晰的坐标。

策展，就是在准备一场跨越时空、与灵魂对话的盛宴，为观众提供一个"见天地—见众生—见自己"的窗口。

一、解构与重构——叙事视角的多元化聚焦

内容策划是展览的核心与基石，只有做好内容设计才能顺利推进其他工作。根据"苏轼主题文物特展"这个定位，我们对展览内容进行了分析和解构，确定了展览的几个视角和维度。

中国拥有悠久的历史和文化，在数千年的历史长河中诞生了无数伟大的先贤楷模与志士仁人，他们是中华民族璀璨文明的重要组成部分，他们塑造和遗留下来的经典作品、思想精神、智慧品格，承载着中华民族绵延不绝的精神脉络和文化基因，为中华文明进步和中国社会发展贡献了不可磨灭的巨大力量。苏轼无疑是其中最耀眼的一个，他的才情、智慧和人格魅力，使他成为千古风流人物的代表。因此，"苏轼主题文物特展"的内容策划希望尽可能地展现苏轼的多重面貌，让观众能够更深入地了解这位文化巨匠。

（一）古代人物主题展回溯

随着近年来文博事业的迅猛发展，博物馆展览的数量显著增加，质量大幅提升。然而，在众多展览类型中，古代人物类展览数量相对较少、叙事方式单一，无论是在理论研究层面还是在实践操作层面都存在极大的拓展空间。因此，四川博物院在策划"苏轼主题文物特展"时，积极探索，尝试构建一套科学合理、富有借鉴意义的人物展览策划方法，以推动古代人物类特展的研究和设计。

"人物类陈列展览内容是以人物为中心展开的，应当紧扣展览主题，合理编排陈列内容体系，主次分明，重点突出。展示单个人物时应当抓住人物一生

中的重大节点，而展示人物群体则应突出群体中个人尤其是典型人物的个性特点，这样才能使展览既能娓娓道来，又有高潮迭起，淋漓尽致地展现人物（群体）思想精神的精髓。"[1]对于人物类陈列展览而言，如何通过文物与展的内容设计和形式设计将主题与人物的思想恰如其分地传达给观众，让观众产生理解并形成共鸣，是策展时需要回答的重要问题。

"苏轼主题文物特展"的策展团队深刻认识到古代人物类展览的独特价值和巨大潜力。古代人物的生平和事迹承载着丰富的历史信息与文化内涵，通过展览可以将这些信息生动地传递给观众，使他们更加深入地了解古代文化和历史发展进程。然而，古代人物类展览的研究和呈现方式相对滞后，需要更加系统的、具有创新性的策展方法。新策展方法的尝试不仅为"苏轼主题文物特展"的成功举办提供了有力支持，更为古代人物类展览的未来发展指明了方向。策展团队希望以科学的方法论为指导，在古代人物类展览领域创造出更加丰富多样的展览形式，激发观众对历史文化的浓厚兴趣，为推动中国博物馆事业的繁荣贡献力量。

古代人物类特展往往通过回溯杰出人物的人生轨迹，展现人物的优秀品格、艺术成就和榜样力量，挖掘名人背后的动人故事和伟大精神，从而使观众加深对历史人物的认知，增进文化认同，坚定文化自信。在"苏轼主题文物特展"的策划过程中，我们深刻体会到通过人物特展可以更好地向观众呈现一幅立体、生动的历史画卷。"苏轼主题文物特展"不仅关注苏轼的文学成就，更通过深入挖掘其政治生涯、艺术才情等多个方面，展示他作为一个杰出历史人物的多面性。通过这样全面而深入的展示，观众得以更加清晰地认识苏轼，感受到他所承载的历史荣光。这种人物特展的设计反映了历史人物的多重面貌和多样性，不仅是对历史的回溯，更是一次对人性、品格、艺术和智慧的深刻思考，也为以后的古代人物类特展的策划提供了有益的经验和启示。

（二）已有苏轼主题展览回顾

迄今为止，以苏轼为主题的展览往往以对其作品的解读和阐释为核心，旨在通过作品展示人物特征。举例而言，2020 年故宫博物院推出"千古风流人物——故宫博物院藏苏轼主题书画特展"，以丰富的馆藏书画为切入点，通过"胜事传说夸友朋""苏子作诗如见画""我书意造本无法""人间有味是清欢"四个部分，生动描绘了苏轼的文人形象，将观众带回苏轼所处的文化荟萃、巨匠辈出的宋代。同年，杭州西湖博物馆推出"幸会，苏东坡——《表忠观碑》馆藏拓本展"，通过"《表忠观碑》与钱氏""书初无意于佳乃佳尔""'苏体'传世"三个部分，深度挖掘《表忠观碑》蕴含的信息，生动叙述了苏轼的生平轨迹、与杭州的因缘以及他在书法领域的卓越成就。

已有的展览主要围绕苏轼的书画藏品展开，包含苏轼的书画作品、手迹，以及与他相关的文物，这些实物展品使观众能更直观地感受苏轼的艺术成就和历史贡献。同时，已有的展览深度挖掘历史文献，尤其是苏轼的手迹和碑刻等，生动叙述了苏轼的生平轨迹、个性特征，以及重要的社会历史作用。从展览意义来说，现有展览不仅关注苏轼在历史上的贡献，而且强调东坡文化在当代的诠释与演绎，具有时代性和现实意义。

（三）"苏轼主题文物特展"的多元视角重构

"苏轼主题文物特展"以北宋的历史宏观视野展开叙事，以人物叙事为主线，同时兼有成就叙事，时间线与专题交叉、个人成就与人生困境交织，共同构筑出丰富立体的苏轼形象；不再局限于苏轼的作品，而是将苏轼的人生际遇予以全方位展示。因此，我们在对苏轼其人进行解构时，通过还原北宋时期的历史背景，展示苏轼在当时社会扮演的角色，描绘他的政治才华、文学造诣以及他在不同的人生阶段面临的重大挑战。这种宏观视野的叙述可以让观众更全面地理解苏轼在历史进程中的独特地位，对苏轼不同阶段的生活有更深刻的认知。而个人成就与人生困境的交织叙述也能够更生动地展示苏轼在各个方面的卓越之处和对抗逆境的坚韧品质。"苏轼主题文物特展"的多元视角具体分为五个方面。

一是苏轼的人物形象。展览首先通过文字和图像直观地展示苏轼的人物形象，展品如苏轼的肖像、历史文物中与他相关的物品，以及他的家族成员的肖像等。这些实物将观众引向苏轼的时代，使他们能够身临其境地感受苏轼的生活环境，更加亲近苏轼这个历史人物。家族视角有助于观众理解苏轼在家族中的角色，以及家庭生活对他个人成就的影响。通过这一展示手法，观众将能够与苏轼建立更深刻的情感联系，更好地理解苏轼与家族及家族成员的关系。

二是苏轼的人生经历。每个人的人生都是由各个阶段的不同经历组成的，人物的成长也伴随着不同身份角色的转变。展览通过时间轴、图表、故事叙述的形式，展示苏轼的人生经历和重要事件。时间轴记录了苏轼的出生、求学、官职升降、流放及晚年的完整经历，观众从中可以更好地了解苏轼的人生轨迹，进一步理解其作品背后的情感和思索；图表直观地展示了苏轼不同阶段的身份转变和成就；生动的故事叙述则在历史文献和史书记载的基础上，以情感丰富的笔触描绘苏轼的人生，使观众沉浸于苏轼的个人故事中并产生情感共鸣。

三是苏轼的文学影响。苏轼是宋代文学的重要代表，他在文学领域涉猎广泛，同时对后世文学产生了深远的影响。展览通过展示苏轼所属的文学流派，如唐宋八大家、江南四大家等，呈现他与其他文学家的交往以及他在文学领域的重要影响；还通过展示苏轼的弟子和后继者，展现苏轼文学思想的传承和发展。这有助于观众深入了解苏轼的文学风格和影响范围，理解他与其他文学家之间的心灵共鸣。

四是苏轼的家族文化和社交圈。苏轼生活在一个文化世家，他的家族和社交圈对他的文学成就与文学思想有着重要影响。展览多角度且生动地呈现了苏轼的家族背景、家族成员的文化活动，家族的历史渊源、家谱图谱以及家族文化传统为他的文学成就铺垫了深厚的文化基础，观众从中可以更好地理解苏轼的文学造诣是如何在充满文学氛围的家庭中培养和发展起来的。苏轼与其他文化名人的交往既可以深化观众对苏轼的文化底蕴以及他在文人圈的地位的理解，又可以多维展现宋代文人的风采。

五是苏轼的艺术追求和审美观。苏轼在书法、绘画和音乐等艺术领域也有着深厚的造诣。展览通过展示苏轼相关书法作品（图3-1）、绘画作品，以及他对艺术的评论和观点，展现他在艺术领域的独特见解和突出成就。观众可以深入感知苏轼在艺术领域涉猎之广、成就之高，理解他是一位不拘一格、多才多艺的文艺大师，认同他为中国文学艺术传统注入了独特的精神气质。

基于以上五个方面，我们以苏轼生活的地域与时代为切入点，运用四川地区北宋时期的丰富文物，如钱币、瓷器、陶俑、蜀锦等，巧妙构筑历史背景，不仅将苏轼的生平融入当时的历史环境，而且通过展示不同地区的文物和文化遗产，架起了历史与个体之间的联系桥梁。

物质文化的呈现，能为观众打开一扇通往北宋时期的文化之窗，使他们能够更全面、更深入地了解苏轼所处的历史背景，理解这一时期社会、文化变迁对苏轼个体发展的重要影响。"苏轼主题文物特展"将为观众呈现一场时空交融的历史之旅，引导他们在文物的陪伴下感悟苏轼的时代风华。

根据以上思路，我们最初将展览结构划分为五个单元：

第一单元：江山如画，一时多少豪杰——苏轼所处的时代

第二单元：腹有诗书气自华——蜚声文坛的成就

第三单元：我书意造本无法——造诣极深的艺术

第四单元：公亦奋厉有当世志——心存民生的情怀

第五单元：一蓑烟雨任平生——安然自得的人生

图3-1　苏轼《黄州寒食帖》展示

　　在深入研究与广泛讨论的基础上，我们与业内专家携手，决心突破现有的框架，打破按生平年代或身份划分的传统策展模式。我们致力于摆脱对人物过度美化与一味歌功颂德的思想束缚，深入探索苏轼丰富而真实的人性侧面，以生动的故事叙述方式，让观众在领会东坡精神的同时，认识一个更加鲜活、有血有肉的苏轼。

　　苏轼，这位北宋时期的文学巨匠，不仅以其卓越的诗词才华著称于世，更以其独特的人格魅力和生活哲学赢得了后世的无尽景仰。然而，在历史的长河中，我们往往只看到了他光辉的一面，而忽视了其背后的复杂性和多样性。因此，我们认为，有必要通过新的策展方式，展示出苏轼更为真实的一面。

　　为了实现这一目标，我们采用多种手段来丰富展览内容。首先，引入更多的背景信息，帮助观众理解苏轼所处的历史环境和社会背景。通过展示当时的文化氛围、政治环境以及苏轼的个人经历，观众将能够更深入地理解其创作活动背后的动机和情感。其次，关注苏轼的多元身份和角色。除了文学家身份，苏轼还是政治家、书法家、画家、道学家等。我们通过展示他的书法作品、绘画作品以及政治言论等，全面凸显他的广博才艺和深厚学养。这将有助于观众更全面地了解苏轼的多元性格和丰富人生。再次，注重讲述苏轼的生活故事和人生哲学。通过挖掘他的生活细节、人际交往和思想历程，我们将展现一个更加立体、鲜活的苏轼形象。这些故事将让观众感受到苏轼的喜怒哀乐、悲欢离合，从而更加深入地理解他的创作精神和人生追求。最后，采用讲故事的叙述方式，将这些信息和内容有机地串联起来。通过引人入胜的叙述和生动的展示，观众将能够身临其境地体验苏轼的人生历程和精神世界。这种方式不仅能够增强观众的参与感和代入感，还能够使他们在领悟东坡精神的同时感受到中华文化的博大精深。

　　总之，我们致力于打破传统策展思路的束缚，以全新的视角和方式呈现苏轼的真实面貌。我们相信，通过这样的努力，观众将能够更深入地了解东坡精神。

同时，这也将为传承和弘扬中华优秀传统文化注入新的活力和动力。

我们将展览框架调整为：

第一部分：一门三杰孕于蜀
　　第一单元：宋代蜀地风物美
　　第二单元：生长于斯颂家风
第二部分：跌宕起伏的一生
　　第一单元：意气风发志四方
　　第二单元：一蓑烟雨任平生
　　第三单元：乐观豁达行九州
　　第四单元：至亲至爱驻心间
第三部分：千年一遇的全才
　　第一单元：独领风骚大文豪
　　第二单元：书画一律自成体
第四部分：人间有味是清欢
　　第一单元：西园雅集叙佳话
　　第二单元：友人佳作品情谊
尾　声：东坡颂

从内容安排来说，第一个框架更注重生平经历和个人成就的叙述，第二个框架则着眼于个人成长环境、人生态度、文学艺术和人际关系等更多元的角度；从叙事方式来说，第一个框架的叙事方式相对传统，按照时间和身份划分，突出成就和志向，第二个框架则更注重情感和人性的展现，采用更加贴近观众感受的方式，如"一蓑烟雨任平生"和"至亲至爱驻心间"；从视角焦点来说，第一个框架注重苏轼的成就和社会影响，第二个框架则更注重苏轼个人的情感、人生态度和文学艺术的展现，更贴近人物的内心世界。

（四）"他者"的引入：策展视角的提升

调整思路的关键在于引入"他者"视角。"他者"和"我者"是哲学及人类学领域的相对概念，借由他人和外物来促进自我认识、衡量价值即为"他者"视角。作为与自我相互界定的参照物，"他者"一直是我们衡量自己的价值、特征或共同人性的标尺，人们在与"他者"的比对中认识自我。[2] "他者"的引入可以为深入、全面认识事物提供新的角度。

在策展和观展的过程中，"他者"与"我者"的交融贯穿始终。"苏轼主题文物特展"以"我者"的视角对"他者"进行了解构与重建，尤其是对苏轼其人及其作品，在特定时空下进行了构建与呈现。观展时，"我者"作为观众，以自身的知识结构来解读展览中的"他者"——苏轼及北宋历史。因此，展览对于观者关于苏轼及北宋的知识建构就是在"他者"与"我者"的解构与重构中逐步完成的。

我们对苏轼形象进行了解构与重塑，选择特定的角度和叙事方式，呈现苏轼的人生与作品。观众则以自身的知识和理解能力来主动解读展览。他们从"我者"的角度，以独特的认知和情感体验，对展览中的历史人物与事件进行感知和理解。展览中的"他者"，即苏轼和北宋的历史背景。通过策展团队的呈现方式，"他者"被赋予了特定的意义和解读空间。观众则在这一历史叙事中体验到"我者"的主观性，以自身独特的视角与情感体验，对历史人物和故事形成全新的认知。

观察事物的角度不同，最终呈现的内容亦不相同。展览叙事角度的选择并非完全固定，每种视角都有其优势和局限性，特别是人物类展览，表现角度更是多元。策展人合理运用多重视角的转换与组合，根据具体内容选择最恰当的叙事角度，呈现更为丰富的内容，同时也能调整展览叙事节奏，提升人物诠释的表达效果。苏轼不仅是一位文学家和政治家，也是一位具有人文情怀和高尚品格的人物。因此，我们在展览中综合使用了"编年体""专题体""混合体"三种叙事结构，尽可能地拉近人物与观众的距离。

个体在与"他者"的关系中认识并建构自我，人物主题展览中人物的丰富性与真实性同样通过其与"他者"的关系来构筑。"他者"视角的引入使展览中苏轼其人的叙事更加生动立体，填补了从"我者"出发的叙事结构可能存在的割裂之处，并将整个展览叙事编织成更加完善、紧密的"意义之网"，观众置身于网络之中时便可以较容易地理解苏轼的多个面相。从苏轼本人即"我者"出发的叙事方式可以让观众更全面地了解苏轼的多重身份和成就，而通过苏轼的朋友、家人等"他者"的视角，展示苏轼与他人的互动、交流，有助于创造更具戏剧性和引人入胜的叙事情节，吸引观众深度参与，进而深入地理解苏轼的内心世界和情感体验。相比于"我者"视角只强调苏轼个人的成就和贡献，采用"他者"视角有助于超越单一的英雄叙事框架，展现苏轼作为一个普通人在家庭、社会及朋友圈中扮演的多重角色。因此，在展览叙事中灵活运用"他者"和"我者"视角，可以打破单一的叙事模式，使展览的层次更加丰富，情感色彩更加浓厚。

通过内容设计与形式设计，我们邀请作为"他者"的观众进入苏轼的人生及北宋时空，这消解了观众对展示内容的陌生感与隔阂感，其通过成为苏轼朋友圈中的一员，形成与其他历史人物的共同对话。观众可以置身于苏轼的生活场景，感受他的喜怒哀乐，与他共同体验人生的起伏。

"苏轼主题文物特展"提供了一个更加丰富和多样的历史呈现方式，打破了观众与历史之间的隔阂。同时，从"他者"到"我者"的视角转变，让观众在历史中找到了共鸣，感受到了历史的魅力与历史人物的生命力。

（五）多元视角叙事的落地

人物资料和实物展品缺乏是当前古代人物类展览面临的最大困境。人物研究和展览策划都建立在丰富的展品资源的基础上，越是距今久远的历史人物，资料收集的难度就越大，因此更需要策展团队在该方面下大力气、花大功夫。"苏轼主题文物特展"的展览资料可以分为文字、实物、非物质三种类型。

文字资料主要包括以下几种类型：记载人物生平的史料文献、碑刻拓片、家谱年谱等；由人物本人撰写的文章、诗歌作品、书信奏章等；相关亲历者和见证人撰写的口述史和回忆录；与人物相关的历史背景信息、历史事件信息、历史文化资料等，尤其要关注人物在其中的参与情况和影响作用；后世学者整理的资料汇编、对人物的评述、论文专著以及学术界的最新研究成果；等等。

实物资料主要包括：人物创作或撰写的书画、著作、信件、政务文书等；人物生前使用过的生活器皿；人物去世后他人题写的墓志碑铭；等等。

同时，也要加强对人物故居、书院、墓葬、遗址等纪念地的调查和研究，尤其是要及时关注与人物相关的考古动态，充分利用一手的实物资料。

在调整展览框架的同时，我们广泛收集苏轼相关展品信息。与各家博物馆、考古所建立紧密的合作关系，调配一切可利用的文物资源，从而最大限度地弥补人物研究展示资料的不足。最终，"苏轼主题文物特展"除了展出苏轼流传世间的罕见真迹《潇湘竹石图》、《洞庭春色赋·中山松醪赋》卷、《阳羡帖》手卷等珍贵展品，还有出自历代名家如董其昌、仇英、文徵明、郑燮、张大千等的与苏轼相关的传世珍品，可谓阵容强大。

博物馆展览说到底是依靠"物"来讲故事，当前许多古代人物类展品对物的信息揭示并不充分，通常仅提供展品最简单、最基础的本体信息，而鲜少向观众清晰揭示展品更深层次的内涵。"苏轼主题文物特展"从策划、借展到开展只用了四个半月的时间，我们从多个角度入手，深入挖掘展品信息，全方位解读东坡精神的文化内涵。一般来说，当单个展品难以构成有效叙事时，可对多个展品进行组合排列，形成展品群，加大展览主题的表达力度，获得"1+1＞2"的表达效果。在古代人物类展览中，组合化展示主要分为同一类型展品组合和不同类型展品组合两种方式。同一类型展品组合适用于类型多、数量大、单个展品表现力较弱的文物展示。不同类型展品组合是将多种性质的展品有目的地放置在同一情景之中，共同形成一个特殊的展品组合，展品信息通过相互关联和补充而得以强化，能够帮助观众更加清晰地理解展览想要表达的内容。原生语境是指展品最初产生时的功能和状态，而当展品所属社会文化背景消亡时，展品语境也会随之产生一定变化。尤其是当一件展品进入展览时，其原生语境必然会受到较大程度的削弱。展品的选择与应用是一个符号化的过程，同一件展品在不同的展览环境中可以有不同的解读方式，因此策展人必须为展品构建起新的语境，使其能够融入展览叙事，为阐释展览主题发挥"物证"作用。也就是说，展品在展览中扮演何种角色、与主题内容的关系、起到何种作用，取决于策展人赋予展品什么样的意义。

二、表征与价值——从文物展到主题文化展

"苏轼主题文物特展"围绕苏轼的生平展开，但又不局限于苏轼其人的介绍与展示，而是结合宋代风物、诗词文献，将文物展打造为主题文化展，让观众在全方位的观展与体验中理解苏轼个人事迹及北宋历史进程。传统的文物展多侧重于展示物件本身，通过文物信息向观众展现悠久的历史文化。"苏轼主题文物展"在文物

的呈现上突出主题性与整体性，将展品作为阐释苏轼生平和思想的渠道，通过多元文物组合、史料挖掘和多媒体装置等展示手段，以诗词文本为纽带，向观众呈现苏轼的人生、思想、成就和影响，传递和阐释特定主题的文化价值。"苏轼主题文物特展"不仅是传统文物展的延伸，更是主题文化展的创新探索。

（一）用文物讲好苏轼故事，挖掘东坡精神

"苏轼主题文物特展"自开展以来引起了巨大的反响，这次展览是四川博物院的跨年大展，汇集了39家文博单位的重量级文物，展品共274件，一级文物多达39件。历史人物展往往因人物本身的文物很少而较难策划，对于苏轼来说，他的作品真迹传世的极少，非常珍贵。在中国美术馆、吉林省博物馆、旅顺博物馆的大力支持下，《潇湘竹石图》、《洞庭春色赋·中山松醪赋》卷、《阳羡帖》手卷三件真迹亮相"苏轼主题文物特展"，吸引了观众的眼球，慕名前来的观众络绎不绝。

在展品的组合上，我们下足了功夫，在每个部分、每个单元尽量去搭配一些重量级文物，除了三件真迹，还选了一些难得一见的宋代名家书画。如第一部分在宋代文人群像处展示了范仲淹的手札卷和印章，第二部分有李公麟的《西岳降灵图》、宋徽宗的《腊梅双禽图》（图3-2）、刘松年的《秋山行旅图》、宋代佚名的《斗浆图》（图3-3），其他还有仇英、董其昌、朱之蕃、王式、李宗谟、郑板桥、曾国藩、张大千等明清至民国时期名家的书画作品。为了避免出现书画展品居多的单一性，我们在挑选文物时，还组合了一些宋代的生活用品，如酒具、茶具、香具和文房四宝等，力图更全面地反映苏轼生活的时代，让观者去感受宋代的衣食住行。文物的材质也更加多元化，有石刻、瓷器、金银器、

图3-2 宋徽宗《腊梅
双禽图》 四川博物
院藏（上）

图3-3 宋代佚名《斗
浆图》 黑龙江省博
物馆藏（下）

图3-4 "风雅情趣"展区

玉器、竹角牙器等（图3-4）。

（二）诗词纽带：主题文化展的实现方式

"苏轼主题文物特展"的独特之处还在于它所营造的诗意氛围。我们巧妙地融入了苏轼及其他文人的诗句，这些诗句点缀了整个展览，恰如其分地呼应各个部分的内容（图3-5）。比如，在描绘四川人安逸生活时，我们引用了宋京镗的《木兰花慢·重九》："蜀人从来好事，遇良辰不肯负时光。药市家家帘幕，

图3-5　诗词场景设计

酒楼处处丝簧。"这些诗句娓娓道来，勾勒出了当地人优美的生活画卷。

而在叙述苏轼历任各地官职及被贬"黄州惠州儋州"时的书画艺术成就时，我们呈现了苏轼的数十首（篇）诗词歌赋和文章，甚至借用了他本人的话作为标题。各个展区还设置了苏轼著名诗篇的墙面投影。这不仅丰富了展览内容，更能够唤起观众的共鸣，令人仿佛置身于他的诗意世界。

苏轼对竹子的喜爱尽人皆知，他曾经写下"可使食无肉，不可居无竹"的名言。我们将竹元素贯穿始终，这不仅拉近了观众与苏轼的距离，更营造出了一种诗情画意的展览氛围。展览中处处可见竹子，这种设计手法既是对东坡文化的致敬，也是对观众情感的牵引，使展览呈现出一种悠远清雅的气息。

　　展览中适时出现的诗词投影实际上扮演着文物展示与苏轼思想之间的桥梁角色。这些诗词的出现让苏轼生平的叙事更加生动，它们将虚幻与现实结合，赋予文物组合以新的含义，仿佛共同构建了某种历史时空的片段。

　　这种创意的设计让观众更容易沉浸其中，仿佛身临其境，了解苏轼在何种境遇下创作了这些诗词。这种设计不仅是对苏轼及其思想的展现，也成为观众与展览之间的一种情感交流方式，拉近了历史与现实的距离。

（三）新的唤起：从文物展到主题文化展

　　"苏轼主题文物特展"呈现出了对观众记忆与情感的唤起，使用富有故事性和叙事性的阐释，在呈现内容时常常通过故事情节串联文物或事件，使观众更易于沉浸其中。主题文化展常常涉及特定的历史、文化议题，它能够引导观众深入思考和反思历史、文化、社会议题。其不仅有深度的挖掘，也能通过全方位的展示，让观众从多个角度全面了解特定主题或人物，达到深度与广度的结合。

　　"苏轼主题文物特展"的独特之处在于精心编排叙事结构，以触发观众的记忆点和情感共鸣为出发点。每一个展示区域都如同一个精心编织的故事情节，通过将文物、事件和特定历史时刻有机串联，创造出一个深邃而丰富的叙事网络。这样的叙事方式不仅是简单地展示文物，更多的是在讲述一个生动的历史故事，使观众更容易被吸引、感动，并参与其中。

　　"苏轼主题文物特展"通过各种故事情节的展示，引导观众对苏轼的生平、成就和思想进行深入思考与探索。这种引导方式能够激发观众的思考欲望，让他们更积极地参与到展览所呈现的历史与文化议题中。观众不再是单纯的旁观者，而是被引导着去思考不同议题背后的意义和价值。这样的引导式教育也是主题文化展的一大特点。

"苏轼主题文物特展"所体现的深广兼备也是其独特之处。它不局限于一个角度或者某种特定的叙事方式，而是采用多元的展示手法和丰富的内容呈现方式，让观众能够从多个角度、多个维度全面了解特定主题或人物的内涵，这使观众能够获得更加全面、深刻的文化体验。

综上所述，主题文化展作为一种展示形式，通过富有故事性和叙事性的阐释方式，引导观众参与其中，深度思考历史、文化、社会议题，实现了情感、认知层面和教育层面的多重目标。

三、媒介与感知——艺术语言的典范呈现

"苏轼主题文物特展"在形式设计上的主要方向为体现宋式美学、尚意苏风和文人情趣，以点带面、以小见大地创造宋代时空下的美学氛围。其不是单纯的文物陈列，而是重新呈现苏轼所处的宋代时空。深浅相间的色彩、恰到好处的灯光设计巧妙地诠释了宋代的审美理念，展现了宋代文人所崇尚的雅致与格调；空间装置与隔断的设计则让观众在展区中穿行自如，体验历史与文化的流转；多媒体技术的应用让观众能够更直观地感受诗词的魅力。这些诗词文本的设计巧妙地融入展览的各个角落——或许是一个展品的旁白，或许是一个区域的装饰，其不仅是为了供人欣赏，更是为了激发观众的共鸣，引导观众去感知苏轼的文字之美，引发他们对苏轼

诗词及其背后历史文化的认知和思考。这样的展览设计不仅突出了文化的历史性，更营造了一种惬意的观展体验。

（一）色彩与光影：淡雅柔和的色彩环境

在色彩运用上，"苏轼主题文物特展"以宋代美学为基调，整体风格为简约、空灵的调性，展现其尚简、淡雅的审美情趣。以"质朴素雅"的米色为主色调，各部分配色以"苏东坡的人文生活"为切入点，提取苏轼的书画作品、生活用品等的颜色特征，分别以淡赭色（第一部分）、竹青色（第二部分）、茧色（第三部分）、丁香褐（第四部分和尾声）为点缀色，生动再现苏轼在雅俗兼备的宋代，跌宕起伏而又充满人间烟火气的一生。

当我们置身于一个色彩丰富的空间时，这种色彩就不仅是单纯的视觉刺激，更是一种情感和体验的传达方式。色彩会引发我们心理层面的联想和情感共鸣，进而影响我们的思维和感知。观众置身于展览的色彩环境中，这些色彩会与他们的个人经历和情感联系起来。例如，柔和的蓝色或绿色可能唤起人们对自然和宁静的联想，而鲜艳的红色或金色可能带来活力和热情的情感体验。这种视觉上的情感联结，会唤起观众内心的回忆和情绪。

视觉器官接收到的色光刺激会唤起我们大脑中与色彩相关的记忆痕迹。[3]这些记忆可能来源于过去的经验、文化背景或个人情感。这种记忆往往是自发的，与展览设计者的意图和策划活动相关。观众可能会在某个色彩或色彩组合中联想到某个特定的时期、地点或情感，从而赋予展览特殊的情感或文化意义。观众经过分析、比较、想象、归纳和判断等认知活动，加深了对展览的文化内涵的理解。因此，展览的色彩设计不仅是美学的呈现，更是博物馆与观众之间的一种情感互动和认知互动。

图3-6　序厅设计稿（局部）

　　"苏轼主题文物特展"的色彩设计在整体上以米色为主，这种温和而淡雅的色调能让观众产生一种静谧的感受。搭配的淡赭色呼应着古籍书页的色彩，勾起观众对历史古籍的记忆和联想——仿佛置身在古籍的某一段历史记录之中。当观众步入展厅，仿佛一下子穿越到苏轼生活的历史时期，就如同置身于古籍的书页之间，游走在历史的河流中。米色与淡赭色的搭配，以及它们与古籍书页相似的色彩，为观众营造了一种具有历史沉淀感的氛围。展览的序厅，就像是一扇时光之门，让观众穿越时空，直观感受苏轼所处历史时代的宏观环境。这为整个展览的主题呈现和叙事提供了一个强有力的开端。

　　序厅决定了展览的第一观感（图3-6）。观众步入展厅，首先映入眼帘的是苏轼的盘陀塑像，位于左侧；正中为立体的主标题"高山仰止·回望东坡——苏轼主题文物特展"；右侧为苏轼的诗词"守其初心，始终不变""苟非吾之所有，虽一毫而莫取"，诠释了苏轼的人生境界，背景为起伏的山峦，前两重表现的是蜀山，最后一重是黄州赤壁山水，寓意四川眉州是苏轼的出生地、湖北黄州是苏轼人生的转折点。序厅整体基调为赤璋色，苏轼的塑像为白色，以突出展览的主人公形象。序篇以投影视频讲述宋代在经济、科技、文化、教育等方面的成就，并陈列宋代的服饰、瓷器等文物，

图3-7　第二部分"跌宕起伏的一生"展厅入口（上）

图3-8　"竹院品古"场景设计（下）

让观众了解苏轼生活时代的大背景；以林语堂先生评价苏轼的一段话和故宫博物院珍藏的明代朱之蕃临李公麟的《东坡笠屐图》为铺垫，让观众对苏轼其人形成整体概念和第一印象。

从通道走到第二展厅（图3-7），映入眼帘的是以竹青色、米色为基调打造的"苏轼宦迹"视频，以及"人生如逆旅，我亦是行人"的诗句作品，空间色彩与文物色彩彼此呼应，整体和谐一致。

随着展览叙事逐步聚焦于苏轼的一生，苏轼诗词作品的出现频率渐高，对其作品的诠释也越发增多。第二展厅的色彩与场景设计更加丰富，又统一于主要色调的风格之中。竹青色的空间可以唤起观众对竹子的联想，对应苏轼的诗作《于潜僧绿筠轩》（"可使食无肉，不可居无竹。无肉令人瘦，无竹令人俗"），并与"竹院品古"区域的场景设计（图3-8）相互呼应。"色彩的象征意义是当一种色彩与联想到的事物建立起密切的关系，表现出某种特殊的意义，并且被人们公认及在社会上流传的时候，就形成了这种色彩与某些事物关联的象征意义。"[4]色彩的象征性具有一种传承的特质，"由于身处不同时代、地域、民族、历史、宗教、阶层等背景中的人们对色彩的联想、需求和体会有别，赋予色彩象征的特定含义及专有表情也就各富意蕴。总体说来，色彩的象征性因为既是历史积淀的人文现象，又是社会意识的符号形态。所以，其在一定的文化环境内持有相对稳定的传承性质，并在社会行为中起到了标志与传播的双重功用。同时，又是生息在同一时空氛围中的人们共同遵循的色彩尺度"[5]。竹青色与竹子的联系较为密切，竹子的意象亦迁移、发散到对竹青色这一色彩的阐释中，让置身其中的观众产生对竹子坚忍不拔、正直不屈的高尚品格的联想。而这种高尚品格与苏轼乐观豁达的品质相互呼应，使观众能更加深入地理解苏轼在人生起伏中展现出的这些美好品质。

色彩的色相、明度、纯度会引发人的情绪变化。一般来说，人在暖色调的环境下易兴奋，在冷色调的环境下易安静。"苏轼主题文物特展"使用了中国传统色调，如米色、淡赭色等，其在色相、明度和纯度上相对柔和、沉静，让观众在参观展览时能够迅速地放松、平静下来，进而更好地沉浸于展览内容。

因此，色彩在展览中的作用不仅在于营造视觉感受，它还能够通过调节观众的情绪状态，影响观众的心理体验，进而提升展览的沉浸感和参与度，让参观展览成为公众调节身心的方法之一。

（二）空间隔断：塑造虚实相间的宋代空间美学

"苏轼主题文物特展"在创意上本着内容与形式相辅相成的原则，体现宋式美学、尚意苏风和文人情趣，并以苏轼一生的人文生活为背景，提取宋代古典建筑、家具陈设等元素，运用屏风、纱幔、格子门、月洞门（图3-9）等分隔方式，利用点、线、面的构成，以点带面，营造出虚实相间、清隽风雅、气韵灵动的空间效果。展线设计充分结合展厅内部空间形态，紧扣展览主题，根据展览内容进行流线的合理规划，并借助灯带设计、装置艺术、场景设计、多媒体设计等，进行重点展项及重点文物的引导，实现移步换景、通达前后的观展效果。展览设计中的流线规划不仅贴合展览内容，还在观众导引方面呈现了精巧的构思。灵活的空间布置和场景设计让观众能够在不同的展览空间游刃有余地切换，于情境变换中感受展品串联的连贯性。

我们依据苏轼的精神世界和历史背景内容的需求设置了相应的展览主题，力求通过细致的场景构建，引领观众穿越时光，身临其境地感受苏轼的文化气质和精神品格。例如，"东坡书房"通过视频投影的融合，呈现了三苏的家风和少年东坡的成长经历。这个场景通过视觉、听觉和触觉的多重体验，让观众置身于苏轼亲笔书写的岁月之中。"水光潋滟晴方好，山色空蒙雨亦奇"的投影场景是对苏轼治理西湖、兴修水利的政绩的再现。观众可以沉浸在苏轼笔下

图3-9　月洞门分隔

的湖光山色之中，仿佛亲览苏轼治水之景。水墨画式的动态画面结合地面投影呈现出水面波光粼粼的真实感，使观众仿佛漫步于苏堤春晓、三潭印月之间，行走其中，宛如在画中。"竹院品古"场景基于明代仇英的绘画作品还原了苏轼与米芾在竹院鉴赏古玩的场景，展现了宋代文人的高雅情趣和雅致生活，邀观众一起加入这场雅集。"水调歌头"场景以大面积的蓝色背景和高挂明月的画面营造了苏轼"明月几时有，把酒问青天"的情境，表达了他与弟弟苏辙的深厚情谊。"诗词动态投影"

图3-10 "宋人雅事"场景

装置通过盒子造型、背景介绍和动态文字演绎,结合两端的镜面反射,生动展现了苏轼在文学艺术上的辉煌成就。

"苏轼主题文物特展"的场景设计充分运用了多媒体技术,重新勾勒了宋代的文人雅趣,真实展现了苏轼的历史光辉和文化风采。多媒体展项的设置不仅是展品的呈现,更是一个个历史事件的缩影、一个个人生故事的交织,场景设计与多媒体技术的有机融合,延伸了展线,丰富了展览空间,活跃了展览氛围。其内容从诗词歌赋、人物生平、历史背景到沉浸式体验,皆从不同角度展现了苏轼旷古无今的文学艺术造诣、敢作敢为的正直作风、乐观积极的人生态度。

在策展过程中,我们着重将互动空间放大,以增强观众的参与感和体验感。尾厅特设了三大板块,每个区域都能提供独特的文化体验,使观众仿佛穿越时空,亲临宋代的风雅场景。

"宋人雅事"场景(图3-10)是展示宋代文人雅趣的场所。通过还原宋式家具,呈现宋人"四事四艺"(焚香、点茶、挂画、插花和琴棋书画)的画面。这些

图3-11　东坡文化体验区

艺术画面和生活场景融合在一起，让观众沉浸在真实的宋代文人生活氛围中。

　　"东坡文化体验区"（图3-11）采用活泼、鲜亮的色彩，设计了各种互动游戏，旨在让观众更深入地了解多元的东坡文化。通过"我来做盘东坡菜"和"东坡诗词歌赋"的电子游戏，观众不仅可以了解东坡美食，还能够亲身感受其诗文的魅力。此外，东坡仿真菜的陈列和东坡成语互动墙，为观众提供了全方位的互动体验。"我和东坡合个影"区域依据柳岱的《西园雅集图》设置了四个人物形象，观众可以自行选择其中一个人物进行拍照，其头像将成为画中的一部分——观众由此成为西园雅集的第十七个人物。

　　"东坡文创集市"融入了展览的整体氛围，将观众带入了北宋开封的热闹集市场景。以张择端的《清明上河图》作为背景与氛围营造的依据，展览的开篇使用了《清明上河图》的局部图案，尾厅中《清明上河图》的图案延伸至展厅外围的墙面，整体感、氛围感都很强，创造了前后呼应的视觉效果。柜架设计采用了宋式的博古架，并摆放了琳琅满目的东坡文创产品，打造了一个沉浸式的文创体验区。

这些互动空间的设计，让观众不仅在展览中欣赏文物，更能够亲身领略宋代文化的魅力。展览不再是静态的陈列，而是一个充满活力和互动性的文化空间。

（三）展览设计的落地进程

展览设计的基调是后续设计工作开展的决定性因素。在以往的设计工作中，形式设计师一般会用较长的时间理解文本内容，并与内容设计师充分交流。但"苏轼主题文物特展"筹备时间紧，面对几百页的文本资料，形式设计师最初显得茫然无措。

苏轼，北宋文学巨擘，卓越的文学成就让他成为后世的楷模。苏轼展览自然成为众多观众期待已久的一场盛会，这也意味着他们对展览的形式设计有着高度期待。当代观众对苏轼的印象多种多样，如何在紧扣内容主题的前提下，以独特的设计方式打动观众，呈现出他们心目中不同的苏轼形象，成为设计团队面临的最大挑战。设计团队通过反复阅读展陈文本，查阅相关资料，结合纪录片和视频资料，从内容主题出发，展开全面的调研。设计团队由三名平面设计师和一名空间设计师组成，大家各司其职，从不同的角度思考，处理文件、收集资料，为设计提供原始素材。工作虽在推进，但仍然找不到展览设计的基调和方向。在时间紧迫的压力下，设计师尽最大努力去满足观众的期待。初稿方案提交后，策展团队仍感觉方案存在许多不足之处，设计的基调和方向仍然需要进一步明确。

在第一次的专家会议上，各位专家提出许多建设性的意见。齐东方教授简明扼要地指出了设计方案存在的问题："整体设计风格过于侧重'失意'，不够明朗开阔，部分多媒体制作稍显炫酷，需要优化与主题的契合度。设计上不仅要展现出苏轼的人生历程，更是要传达出其背后乐观豁达的精神与人生态度，他的仕途虽跌宕起伏，但其卓越的文学成就，对美食生活的热爱，乐观幽默的性格，更是我们需要挖掘的特点。明朗开阔、乐观豁达应是展览形式设计表达的方向。"

　　经过专家详细专业的指导，设计团队终于解开了困扰已久的难题。专家一致认为，展览要挖掘的是苏轼跌宕起伏的人生背后那种乐观豁达的人生态度。齐东方教授的建议与设计团队追求雅俗共赏的理念不谋而合。会后，设计团队快速确立了新的工作方向。尽管之前的初稿被否定，但这次会议解决了困扰已久的设计基调问题。重新出发，我们带着清晰的任务目标投入接下来的设计工作。重点展示区域的设计构思逐渐清晰，整体的设计工作开始有了突破，后续的设计也逐步展开。

　　此次展览时间紧急，如何保证设计管理、设计执行效率和设计效果？如何保证内容与形式的完美契合？为了更好地交流与配合，避免设计绕弯路，内容设计团队与形式设计团队紧密合作，每两三天对设计问题进行汇总，及时沟通进度，展览推进速度比想象中快了许多。

（四）展览设计难点的解决：序厅设计

　　大时代下的人物主题展的设计，难度并不低，其对设计的把握度也有极高的要求。在整个设计过程中，我们投入了大量心血和时间来打磨序厅的设计。序厅是整个展览的起点，是整个展览的升华与凝聚，它承载着展览的核心理念，引领观众融入展厅的氛围。序厅是观众最先接触的区域，其空间设计对观众的视觉感知至关重要，因为它构成了观众对展览的"第一印象"，这个印象将直接影响观众对整个展览的评价与体验。带着这一理念，我们花费了大量时间来审视和优化序厅区域的设

图3-12　序厅设计

计，希望能使观众在进入序厅时便被吸引，快速理解展览的核心主题，进而产生持续的兴趣与好奇心，激发他们对展览其他部分的探索欲望。

序厅的设计涉及多个方面，包括空间布局、视觉元素、声音效果等，同时需要注重序厅的故事性和导引性。通过巧妙的叙事手法，我们在序厅展示了关键的信息，并通过图文、影像等方式，让观众迅速理解展览的核心内涵，引导他们进入更深层次的展览体验。序厅的设计不是单纯的空间布局和装饰，更是策展人理念与智慧的展示，是为了让观众在最初的接触中就对展览产生共鸣和兴趣。

考虑到序厅空间的聚焦性，把握序厅调性需要投入较多时间、花较多心思。例如，序厅要定什么样的调性？定在什么样的意境高度？做什么样的设计能凝聚整个展览的精华？设计师尽管经验丰富，但对于如何精选内容、深度解读苏轼的一生故事，仍然显得力不从心。因此，序厅的设计工作一直未能顺利展开。

其他方面的设计工作稳步推进。在展览开幕前的十余天内，各个板块的设

高山仰止
回望東坡

苏轼主题文物特展

SPECIAL EXHIBITION ON CULTURAL RELICS RELATED TO SU SHI

守其初心，始终不变。
——北宋·苏轼

苟非吾之所有，虽一毫而莫取。
——北宋·苏轼

计稿相继完成，并开始进入施工阶段。然而，序厅的设计成了一个瓶颈。经历了数次修改，仍然无法达到满意程度。起初，我们在讨论后想以《千里江山图》作为设计背景来打造序厅的开场画面。然而，平面设计师将《千里江山图》中的画面拼接设计，组合了三稿构图，仍然无法达到理想的效果。

转机出现在一次专家评审会上。在整个展览设计的评审环节结束后，专家对总体设计方案表达了认可，并提出了一些建议。其中，樊一教授注意到序厅设计的瓶颈问题，并主动提出将赵树桐教授的雕塑作品《东坡像》运用到序厅的主题画面创作之中。赵树桐教授的雕塑作品展现的伟岸洒脱的气质，搭配以高山远景作为背景画面，足以把握住整个展览序厅的气场，也足以匹配"高山仰止·回望东坡"主题所呈现的大气畅然的情感基调。

听完樊一教授的建议后，在场的所有专家纷纷表示赞同。设计师也受到了启发，思维逐渐开阔起来。于是，大家立即行动，快马加鞭地查找素材、组合画面。经过数日努力，终于交出了令人满意的方案（图3-12、图3-13）。至此，序厅的设计难题

图3-13 序厅实景

顺利解决，施工工作也得以加快进行。序厅成为"苏轼主题文物特展"的一大亮点，吸引着观众沉浸于苏轼的世界，感受他的卓越才华与精神品格。

（五）互动展项：秉承"创意+科技+服务"的策划理念

1.视频剪辑

苏轼"是个秉性难改的乐天派，是悲天悯人的道德家，是黎民百姓的好朋友，是散文作家，是新派的画家，是伟大的书法家，是酿酒的实验者，是工程师，是假道学的反对派，是瑜伽术的修炼者，是佛教徒，是士大夫，是皇帝的秘书，是饮酒成癖者，是心肠慈悲的法官，是政治上的坚持己见者，是月下的漫步者，是诗人，是生性诙谐爱开玩笑的人"。林语堂对苏轼的这一描述如概括宋代文人形象的一个立体标本，将他的多面人生与才华描绘得淋漓尽致。这种评价不仅是对苏轼个人的赞誉，更是对那个时代文人风貌的集中表达。这激发了我们制作宋代文人群像视频展项的灵感。

苏轼身份的多样性和才华的全面性使他成为宋代一个独特的符号。这样的人物不仅是历史的见证者，更是时代精神的象征。因此，我们在展现苏轼的同时，也希望能带领观众深入地了解苏轼生活的时代。也即，展览设计不仅要呈现苏轼的多元面貌，更要以此为切入点，勾勒出宋代众多文人的共通性和特殊性。于是，从一人到众人、从书画到时代，我们似乎找到了制作宋代文人群像视频展项的灵感，算是有感而发后的整合与梳理，最终收到的效果是：观众透过苏轼，跳出书画，看到属于一个时代的更多的鲜活形象和存世记忆，思考"人""物""历史"的辅成关系。

展览布置是整个展示内容的延伸，它不仅是展示文物的方式，更是信息传递的手段。解说牌与文物的配合是内外呼应的体现，能够为观众提供翔实的信息，让他们对文物背后的故事有清晰的了解。视听语言的运用也是展览传播信息的重要手段，视听语言的合理安排能够给观众以更直观、更深入的观展体验。比如，在展示文献和图片时，不局限于简单的排列，而是配合解说词和动态画面的展现，让展览更具生动性和趣味性。这种动静结合的展示形式，让观众能够更加深入地理解文物和历史，也更容易引起他们的兴趣和共鸣。这些展览设计的方式并非单一，而是综合运用了多种手段，旨在为观众呈现出更为生动、直观的展览效果。

因展厅的布置与投放视频的制作进度是同步的，在展厅空间规划确定后，我们根据三个展厅的风格与主题，将需要制作的视频初步划分为四个单元：第一单元以宋朝成就为开篇引入展览的时代背景；第二单元通过运用相关历史素材展现苏轼的家风家训和治理西湖的水利贡献，完善苏轼的人物形象；第三单元以大量诗画图片的堆叠来凸显苏轼的文学成就；第四单元依据清代柳岱的《西园雅集图》形成能够与观众互动交流的视频，使观众在观展的同时产生别致的"穿越感"。除了相应的科普拓展视频，我们还打算穿插有关展厅具体内容的氛围视频，使之视觉丰富、触觉真实。视频的大致方向已经确定，与之相关的素材的收集与整理则成为下一个难题。

因整个展览的策展思路是将苏轼放在北宋视野下去解读，结合苏轼的生平线展开，所以我们的大量素材都来自纪录片《中国通史》（第51—62集）和《苏东坡》。我们分小组整理以上有关苏轼的视频内容，在阅片的同时，大量截取、保存贴合展览单元的内容和片段。其间，访问大量网站搜寻苏轼相关资料，阅读有关苏轼的文献及事迹资料，储存大量诗画图片，使文字、图片、视频皆有扎实的资料做支撑。有素材铺底，粗剪工作便可以开展。我们依据单元内容，从素材库中拉出每个视频大概的时间轴，将截取的素材视频片段按逻辑顺序进行添加，画面再配以图片和文字特效。经过三天的高效剪辑，《宋代成就》《苏东坡水利治理》《后世颂东坡》三个片子的基本内容已经初步完成。在这个基础上进一步提炼，将少年东坡的学习历程与人物性格穿插在视频中，从而丰富苏轼的人物形象；扩展眉山宋韵的内容，展现"孕奇蓄秀当此地，郁然千载诗书城"的深远影响。而其中最大的问题还是在于视频内容缺乏有力的材料支撑，作为科普视频的说服力还远远不够。因此，我们又重回大量收集素材的"广撒网"阶段。结合台北故宫博物院所藏苏轼的诗帖图片和有关苏轼母亲劝学的视频材料，以及本次展览的口袋书文案中的文献条目与史料记载，我们扩充了"千年一遇的全才"这个部分的内容，使视频的内容深度大幅提高。

在粗剪视频中，《苏东坡水利治理》对苏轼的业绩展开较少，我们补充了大量材料去详尽讲述。同时，添加"范滂的故事"充实《家风家训》的视频内容（图3-14），使苏轼人物性格的塑造更加具象；在西湖景色视频中，为营造出沉浸感，特将"欲把西湖比西子，淡妆浓抹总相宜"这句诗用为片名，利用声画一体的形式烘托展馆背景。

范滂的母亲也很坚强劝诫儿子坚守志向

图3-14 《家风家训》视频内容

2.游戏创作

"诗"与"食"是苏轼不可缺失的两部分，他的笔墨在诗词与餐桌间往来穿梭，创作关于饮食的诗词多达400余首，更留下了代代相传的东坡佳肴。他以诗歌表达了对食物的热爱，这些诗作不仅流传至今，还延续了东坡菜的美食传统。我们从这个切口感知苏轼的经历、阅历，让展柜里的文物活化成为游戏中的场景道具、厨具餐具，以互动性强、画面感强的方式讲述每一道东坡菜背后的故事，揭示宋代文人对于美食的文化加持，展现宋代文人对于日常生活中的烹饪和用餐方式的重视。观众在这样的互动体验中，不经意间感受到了"治大国如烹小鲜"的深刻哲理。这不仅是对苏轼个人形象的渲染，更是一种引导观众深思的方式，让他们从美食中感知历史和哲学。

　　"东坡菜"游戏展项的设计不仅是为了满足观众的娱乐需求，更带有深远的教育意义。它旨在通过娱乐互动的方式，让观众感受苏轼丰富多彩的人生，理解宋代文人对于饮食文化的浓厚兴趣，进而引发对生活态度、对文化与历史的思考。这个展项不仅是"小心思"，更寄托着启发观众深层思考的"大初衷"。

四、恪守与超越——展览背后的故事与花絮

（一）展览内容结构是如何设计的？

　　"苏轼主题文物特展"的策划，最早是在 2018 年。当时眉山三苏祠博物馆也有三苏的基本陈列，主要分为"三苏生平展"和"三苏文化展"两个部分。"三苏生平展"分为"苏轼生平陈列""苏洵生平陈列""苏辙生平陈列"和"辉耀古今"四个单元。"三苏文化展"分为"千古文章""丹青妙笔""修心养性""医药养生""美酒美食""文房清供"六个单元。如何在历史事件和历史文物相似甚至一致的条件下，设计具有特色的展览方案？我们思考了许久，将展览标题定为"千年英雄，辉耀古今——三苏故事暨东坡题材墨迹展"，展览框架主要分为三个部分："物华天宝　人杰地灵——文脉底蕴深厚的眉山""一门三杰　成就卓著——三苏父子的故事""高山仰止　名传万世——东坡题材墨迹"。

这三个部分与眉山三苏祠博物馆基本陈列有三个不同点：一是着重突出孕育出对后世社会影响深远的三苏父子的区域历史文化；二是强化苏轼的展示内容，弱化苏洵、苏辙的展示内容；三是着重强调苏轼对后世的影响，将眉山三苏祠博物馆"三苏生平展"的"辉耀古今"单元丰富为"高山仰止　名传万世——东坡题材墨迹"部分。

　　以下为"千年英雄，辉耀古今——三苏故事暨东坡题材墨迹展"框架：

第一部分：物华天宝　人杰地灵——文脉底蕴深厚的眉山

　　第一单元：先秦印记

　　第二单元：汉代风尚

　　　　展示组 1　汉代人文
　　　　展示组 2　汉代画像
　　　　展示组 3　汉代陶俑
　　　　展示组 4　富足生活

　　第三单元：唐风宋雅

　　　　展示组 1　盛唐风气
　　　　展示组 2　人文眉州
　　　　展示组 3　淡雅青瓷
　　　　展示组 4　点茶茶盏
　　　　展示组 5　插花梳妆
　　　　展示组 6　民间琢玉

　　第四单元：明清瑰宝

　　　　展示组 1　明清人文
　　　　展示组 2　明代青花

展示组 3　明代铜俑
展示组 4　江口沉银

第二部分：一门三杰　成就卓著——三苏父子的故事

第一单元：家学深厚　一举成名——兄弟二人的成长

展示组 1　苏氏家族——名门望族传眉山
展示组 2　三苏祠堂——千古三苏生于斯
展示组 3　博学少年——父师检责惊走书
展示组 4　荣登状元——截发愿作万骑先

第二单元：宦海沉浮　不辱官箴——三起三落的东坡

展示组 1　初入仕途——春风得意马蹄疾
展示组 2　被贬黄州——乌台诗案阶下囚
展示组 3　得志于朝——扶摇直上成重臣
展示组 4　晚年流放——此心安处是吾乡

第三单元：千古文章　旷世无双——蜚声文坛的成就

展示组 1　清新自然——东坡的诗
展示组 2　豪放浪漫——东坡的词
展示组 3　气势磅礴——东坡的散文

第四单元：尚意书风　形神兼备——造诣极深的书画

展示组 1　我书意造本无法——东坡的书法
展示组 2　虽无常形而有常理——东坡的绘画

第五单元：凝练老泉　冲雅颍滨——苏洵、苏辙的成就

　　展示组 1　苏洵

　　展示组 2　苏辙

第三部分：高山仰止　名传万世——东坡题材墨迹

　　这一稿第一部分主要展示了苏轼故里眉山悠久的历史和灿烂的文化。正是因为眉山具有深厚的历史文化底蕴，才孕育出了大文豪苏轼，诞生了三苏父子、三苏文化。这部分展品以眉山出土的历史文物为主，辅以图文版面，巧妙、自然地将眉山展示给了各地观众，让人们了解眉山，起到了很好的宣传作用。第二部分主要展示了三苏父子的成长、发展和成就，是该展览的重中之重。这部分展品以眉山三苏祠博物馆收藏的展品和其他各大博物馆收藏的三苏题材展品为主，呈现苏轼的成长、起落、成就和苏洵、苏辙的成就。第三部分展示了从宋代持续到民国时期，历代文人绘制的东坡题材书画作品。后世的人们争相从苏轼的作品中汲取营养，创作了大量与苏轼相关的作品，其中包括唐寅、仇英、陈淳、张大千等历代名家。苏轼的《赤壁赋》和《西园雅集图》更是历代文人争相绘制的经典题材。

　　这一稿内容完成之后，策展团队仔细研究、反复讨论，发现有许多不足之处：首先，展览标题是"千年英雄　辉耀古今——三苏故事暨东坡题材墨迹展"，但实际展示内容中苏洵、苏辙篇幅占比过少；其次，地方历史文化陈列拉通后展线太长，不符合临展要求；最后，苏轼是一位有良知的政治家、官员，他的实干精神、千古政绩以及不畏权贵的胆识、心系百姓的情怀，都需要重点展示。基于此，策展团队推翻了上一稿方案，重新拟定叙事思路。

　　以下为"高山仰止·回望东坡——苏轼主题文物特展"框架：

第一部分：一门三杰　成就卓著——三苏父子的故事

第一单元：物华天宝：文脉深厚的眉山

第二单元：苏氏家族：名门望族传眉山

第三单元：三苏祠堂：千古三苏生于斯

第四单元：博学少年：父师检责惊走书

第五单元：荣登状元：截发愿作万骑先

第二部分：宦海沉浮　不辱官箴——东坡宦途及墨迹

第一单元：初入仕途：批判变法遭排挤

展示组 1　签判凤翔——造物不自以为功

展示组 2　入试京官——臣之所欲言者三

展示组 3　通判杭州——多谢残灯不嫌客

展示组 4　知密州——会挽雕弓如满月

展示组 5　知徐州——为君铸作百炼刀

第二单元：被贬黄州：乌台诗案阶下囚

展示组 1　苏轼与定惠院——拣尽寒枝不肯栖

展示组 2　躬耕东坡——夜饮东坡醒复醉

展示组 3　苏轼游赤壁——大江东去浪淘尽

展示组 4　苏轼游承天寺——念无与为乐者

展示组 5　苏轼与海棠——东风袅袅泛崇光

展示组 6　苏轼黄州期间书画——自我来黄州

展示组 7　苏轼游庐山——横看成岭侧成峰

第三单元：得志于朝：扶摇直上成重臣

　　展示组 1　翰林学士——少年鞍马勤远行

　　展示组 2　知杭州——欲把西湖比西子

第四单元：晚年流放：此心安处是吾乡

　　展示组 1　贬岭南——梦想平生消未尽

　　展示组 2　贬儋州——灯花结尽吾犹梦

　　展示组 3　卒常州——除书欲放逐臣回

第三部分：闲情雅趣　动境之乐——宋代文人生活

第一单元：无花不雅——插花

　　展示组 1　宋人赏花

　　展示组 2　石刻花卉

　　展示组 3　插花器具

第二单元：无香不幽——焚香

　　展示组 1　宋人香事

　　展示组 2　焚香器具

第三单元：　细品香茗——茶事

　　展示组 1　宋人煎茶

　　展示组 2　宋代茶具

第四单元：赏心悦目——挂画

第五单元：忘忧消愁——饮酒

第六单元：寄情书斋——文玩

第七单元：文会雅集——品鉴

　　展示组 1　雅集博古

　　展示组 2　雅集琴棋

尾 声：宋人雅集（宋人书房复原）

　　这一稿吸取了上一稿的经验教训，将展览标题优化为"高山仰止·回望东坡——苏轼主题文物特展"，在这个标题下策划了三个部分。第一部分展示了一门三杰三苏父子的故事和苏轼、苏辙兄弟二人的成长经历，将眉山的历史文化底蕴融入三苏故事。第二部分展示苏轼宦海沉浮的一生，用苏轼自己的作品及后人创作的与苏轼相关的书画作品来展示其不平凡的人生。第三部分讲述宋代文人的闲情雅致、四般闲事、生活趣味，展品以宋代瓷器、金银器、书画为主，展示了宋代至简至美的美学风格，宋代绘画异彩纷呈的面貌，以及追求写实性、艺术化，注重传神表现、寄兴抒怀的文人化倾向。在这个框架的基础上，策展团队经过多次讨论，请教相关专家，提出了两个修改方向：一是应单独提炼眉山历史文化和苏轼家族，作为展览的一个部分；二是将苏轼真迹和后世创绘的东坡主题作品分开陈列，以突出苏轼对后世的巨大影响。在此基础上，我们最终确定了展览逻辑和框架内容。

　　以下为"高山仰止·回望东坡——苏轼主题文物特展"最后呈现框架：

第一部分：一门三杰孕于蜀

    第一单元：宋代蜀地风物美

    第二单元：生长于斯颂家风

第二部分：跌宕起伏的一生

    第一单元：意气风发志四方

    第二单元：一蓑烟雨任平生

    第三单元：乐观豁达行九州

    第四单元：至亲至爱驻心间

第三部分：千年一遇的全才

    第一单元：独领风骚大文豪

    第二单元：书画一律自成体

第四部分：人间有味是清欢

    第一单元：西园雅集叙佳话

    第二单元：友人佳作品情谊

尾　声：东坡颂

（二）展览的空间布局是如何规划的？

空间布局规划设计先行于其他所有设计，既需掌握实际展览空间结构，又要与内容相匹配，与各种各样的观展体验相结合。合理的空间规划是一场展览设计成功的关键。而在空间设计开始前，要找准空间布局时需重点考虑的问题，明确策展的内容逻辑和特色思路，以便将空间布局与实际场地特色有机结合，更好地展示展览的内容方向。

在梳理展陈内容逻辑时，我们明确了"苏轼主题文物特展"的内容设置需要循序渐进，即从宋代大时代的视角聚焦到单个人物——苏轼，最后回到宋代的大时代背景。内容设置对于空间规划至关重要，设计团队需要充分了解内容逻辑，并通过合理布局，使展示的内容顺畅呈现，观众也能够更好地理解展览的主题；还需要在展览空间中巧妙安排各项内容，突出展览的重点内容，帮助观众更好地理解展览所传达的信息。

从文本内容与展厅空间来看，由于 2000 平方米的大空间，"苏轼主题文物特展"的观展游线可能会拉长，图文展板的堆砌与展示、冗长的展览游线很容易让观众产生乏味感。为了避免观众观展时产生视觉疲劳，我们在展览内容中融入了许多创意性的思路。一方面，在每个内容单元分别设置一个场景，加深观众的代入感；另一方面，将卖场与展厅相结合。将《清明上河图》中繁华的市集场景以三维空间的形式还原为展厅末尾的卖场空间，使展览开始的北宋繁华景象与结尾的市井热闹景象相呼应。这种大俗大雅的设计为展览增添了别具一格的观展体验。在进行空间布局设计时，我们思考的是：将这两个独具创新的策展思路落实到实际的空间，使空间布局能紧密贴合展览内容；而且，如果能对特色策展思路与空间布局进行最优的匹配，那么可观可体验的场景空间与热闹的卖场空间便能在展线上得到丰富，进而消解观展游线的冗长感，给观众带来更多的趣味性与探索空间。

　　因此，在设计空间布局时，需要仔细考虑如何使场景空间、卖场空间与展览内容相互映衬，使观众在游览过程中既感受到不同场景的流动性。这种混合式的设计不仅要充分考虑观众的观展感受，还要兼顾展览的主题与核心内容，以创造一个富有想象力、充满趣味且能带来深刻体验的展览空间（图 3-15 至图 3-17）。

　　策展人和设计师厘清了空间布局的几大源头问题，再结合具体的空间点位分析，设计思路也清晰起来。在两个大空间里，根据每一个单元设置的场景空间表达，以突出场景化区域为重点，串联起整个展览的空间叙事体系。在每一个单元空间划分出视觉位置最集中的那个区域，设置相应的宋代场景空间，如东坡书房（苏轼的成长）、竹院品古、水调歌头、西园雅集、宋人"四事四艺"等。充分借助多媒体技术及家具陈设、道具摆件设计、灯光设计等展示手法，重点布置，再现宋代风雅。

　　设计团队精心安排了图文内容和展品的展示位置，随着不同场景区域的位置辐射展开布局，形成了宽广的空间大面展示区域。这些区域通过灯光投射展示苏轼脍炙人口的诗词，向观众呈现令人难忘的诗词意境。

　　整个设计布局以展示区域的特色和核心内容为中心，巧妙地呈现了苏轼展览的关键元素。每一个场景都像是一个独特的文化时刻，为观众提供了一次富有情感意义与启发意义的参观体验。展示的手法和布局不是简单呈现历史与文化，而是将这些元素以生动有趣的方式传递给观众，引发他们对宋代文化的思考和感悟。

　　整个展厅结合策展亮点，将"以点带面"作为主要的空间规划思路。在展陈空间中实现"以小带大"，通过每一个具体的场景区域设置，分别以重点展品呈现、沉浸式场景还原、多媒体互动等为重点，周围辅以版面内容、展品陈列、游戏互动等。展示、互动、文创空间结合为一体，空间顺势而为，形成合理且丰富的观展流线，由此，整个空间布局顺利落地。

　　通过巧妙的安排和精心的设计，我们成功地将展览空间打造成一个富有情感意义与启发意义的体验空间。我们不仅厘清了空间布局中的核心问题，还充分利用了各种展示手法，使得整个展览的文化氛围既浓厚又生动。首先，展览空间划

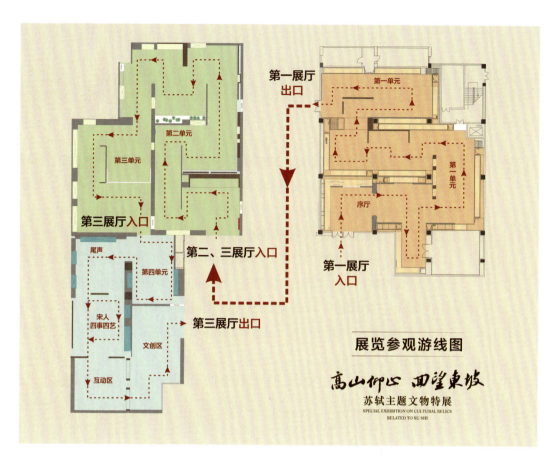

第一展厅
出口

第一单元

第二单元

第三单元

第一单元

第三展厅入口

第二、三展厅入口

序厅

第一展厅
入口

尾声

第四单元

宋人
四事四艺

文创区

第三展厅出口

互动区

展览参观游线图

高山仰止 西望东坡
苏轼主题文物特展
SPECIAL EXHIBITION ON CULTURAL RELICS
RELATED TO SU SHI

图3-15　展览动线设计

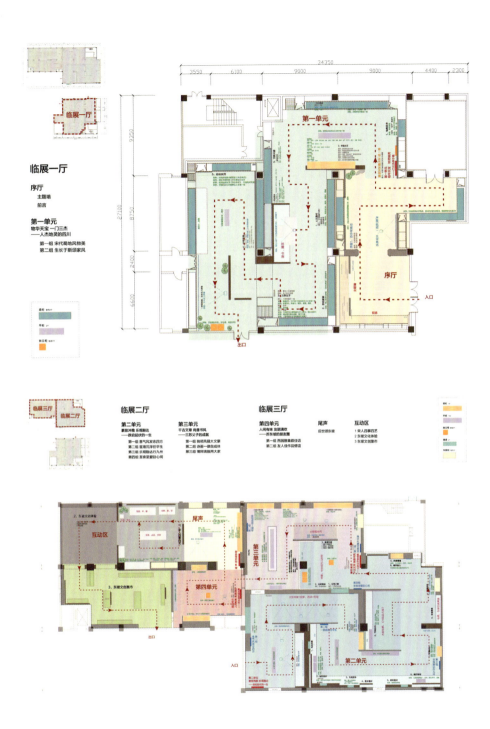

图3-16 第一展厅空间与动线设计（上）

图3-17 第二、三展厅空间与动线设计（下）

分为多个单元，每个单元都以一个具体的场景为重点，这种精细的划分让观众能够深入感受苏轼不同阶段的生活与情感状态。每个场景都借助了多媒体技术以及家具陈设、道具摆件设计、灯光设计等展示手法，呈现宋代文人的雅致格调。其次，布局设计的精妙之处还在于将图文内容和展品与特定的场景区域相结合，形成了宽广的展示区域。观众不仅能感知历史与文化元素，更能亲身体验宋代文人的日常生活。最后，这种设计带来的是展览游线的丰富性和多样性。观众在不同的场景区域之间穿梭，仿佛漫步在不同的历史时空。这样的设计不仅展示了苏轼个人的成长历程，也展现了整个宋代的文化风貌。观众在展览中能够感受到历史的魅力，同时也被吸引着去探索、思考更多与宋代文化相关的内容。

总体来说，空间布局设计在苏轼展览中发挥了串联各个内容单元、丰富展览游线的关键作用。通过场景区域的巧妙设置和展示手法的娴熟运用，展览不仅呈现了苏轼个人的多样面貌，更让观众深度领略宋代文化的魅力。

（三）展览的色彩基调是如何确定的？

在观展的过程中，观众对色彩捕获的敏感度是最直接的，而色彩也最能直观地传递设计基调，带给观众直接的心理感受。色彩不仅是简单的视觉元素，更是呈现展览的基调与文化特征的媒介。依照之前确定的展览基调，在具体空间的色彩选用上，考虑到苏轼的特质——旷达乐观，以及宋代美学的底蕴，我们将色彩的选取视为将这种氛围真切传递给观众的关键环节。方向明确后，我们便立即着手选择色彩，查询资料、翻阅色彩图谱、查找中国传统色卡，参考体现宋代美学的影视作品、话剧和图片等，寻找适配的色彩。策展团队经过多次讨论，最后选择从宋代美学特征出发，将文人墨客的淡雅品格与尚简审美作为整体取色基调，再结合热闹繁华的宋代集市特征来选取部分高饱和度的点缀色，依照每个部分不同的内容，选择符合中国传统文化特征的色彩，尽可能地让每个部分的主色调既鲜明又贴切。这种差异化的色彩选择在整个展览中营造出了不同的氛围，建立了不同的情感连接。通过反复论证和筛选，我们成功地确定了整体用色配置。

接下来便是具体的定色环节。在实物呈现中，即便是细微的色彩变化，也能产生截然不同的效果。因此，对于色彩的选用要极为慎重。在充分讨论后，我们着手确定每个部分的色彩基调。

第一部分主要立足宋代的时代背景与苏轼的成长背景展开叙述。在此，我们面临着一个关键的色彩选择问题：是古建筑的赭石色还是明亮的色调更能凸显主题？这个问题牵涉多方面的分析和讨论。古建筑是历史遗留的痕迹，若是使用从眉山三苏祠古建筑上提取的色相，自然能够与宋代的时代特征相呼应，并且还能显得稳重雅致。但该色调倘若大面积使用，既破坏了展厅明快的大基调，也会让整个展厅显得沉闷，与我们所理解的"豁达明朗"并不相符。在与专家讨论后，我们很快抓住了核心问题：使用古建筑色彩是为了符合时代特征，实则只需要把三苏祠的建筑元素放在展厅空间，色彩使用上并不需要大面积的赭石色。也即，将从书画作品中提取的米色大面积铺开，作为展厅的主色调，而从古建筑中提取的赭石色只用于小面积的点缀。这一决策一旦确立，色彩的定色环节也随之展开。我们逐步寻找到了可以与展览主题、背景相契合的理想色彩组合。从米色的大面积运用，到赭石色的局部点缀，色彩搭配的思路也逐渐清晰。这种选择既能与展览主题紧密联系，又能营造出我们所期望的开放、明快的氛围。定色环节虽然费时费力，但它为整个展览的色彩表达和主题传达打下了坚实的基础。

第一部分，小面积的赭石色与大面积的米色搭配，配合《清明上河图》局部赭石色在第一个空间中的放大，与三苏祠古建筑及装饰色的赭石色相呼应，展厅整体配色明亮而不失稳重，获得了大家一致的认可。第二部分（图3-18）、第三部分、第四部分及尾厅的色彩也随即定了下来。

第二组 一蓑烟雨任平生   **2-9 第二单元**

图3-18 展览设计图（局部）

最终，整个展厅空间确定了简约、淡雅的宋式审美情趣和色彩基调，以质朴素雅的米色为主色调，各部分配色以"苏东坡的人文生活"为切入点，提取苏轼的书画作品、生活用品等的颜色特征，分别以淡赭色（第一部分）、竹青色（第二部分）、茜色（第三部分）、丁香褐（第四部分和尾声）为点缀色，用明亮温暖且具有宋代美学特征的色彩，再现苏轼在雅俗兼备的宋代，跌宕起伏而又充满人间烟火气的一生。

（四）展览的深化设计是如何推进的？

在梳理清楚展览文本大纲、做好空间布局、选定色彩后，还需要处理许多细节工作，才能够推进展览的深化设计。

考虑到展览空间巨大、展品数量众多，展品的整理成了一项复杂而烦琐的任务，直接影响后续设计工作的进行。第一周，熟悉展品的基本信息。由于展品的详细数据还不完善，加之有些展品已被借出使用，能否借到尚不可知，展品整理工作面临不少困难。我们分工合作，将300多件展品的信息和尺寸进行了整理，按照展览的单元划分，分配给了四位平面设计师整理，以加快工作进度。这样的分工协作大幅提升了工作效率，使展品信息的整理得以有序进行。由于展品的到位情况随时可能发生变动，因此我们需要灵活地调整和改进空间布局的规划，将情况整理好后再看是否符合已经规划好的空间布局。

这个阶段的展品整理工作虽然费时费力，但是它为后续设计工作的顺利进行打下了坚实的基础，使设计方向更加明确和有针对性，也为展览空间的布局提供了更多的操作空间。

准备工作虽然烦琐，但一点也不能马虎。展品的形态、质地和体量承载着诸多信息，只有摸准这些信息才能根据展品的特性来设计陈列方案。在展览计划中，展陈器物形态丰富，种类差异性大，有文人墨客的书画作品与各个时代的器物展品（包括石刻、瓷器、陶器、金银器等）；展品器物类型丰富，有立体器物与平面的书画作品、小型金银器与大型石刻作品。而对这些展品进行细致的整理与深入的解读是至关重要的。这是设计陈列方案的第一步，需要花费较多的时间，能为后面设计出适合展品本身特性的陈列方案做好铺垫。

（五）展品的陈列方式是如何确定的？

空间与文物的和谐搭配，观众与文物的有机互动，场景与展品的合理规划，都需要在展品的陈列当中显现。面对本次展览中体量众多、种类丰富、形态各异的器物，要保证舒适的陈列设计并非易事。

考虑到展览的体量和时间的紧迫性，我们最初的尝试是采用熟悉的传统展陈手法，通过设置大块面基台来划分展品的高低层次。这种陈列方式操作简单，但显得保守且缺乏创意，使整个展陈单调乏味，无法充分展现出展品的魅力和内涵。

在反复的讨论和反思中，我们开始重新审视陈列的方式。我们尝试将展品根据不同的主题和特点，结合空间环境进行更加多样化的布置，以更有新意、更加灵活的方式呈现展品。这意味着我们不再依赖于传统的基台陈列，而是探索更丰富的展陈手法。如何处理展品类型与所处空间环境的关系？如何能既构建出完整和谐的展品陈列表达、丰富展品陈列层次、烘托出展品的精神内涵，又优化观众的视觉观看体验并且能让观众充分明确地获取展品信息？如何将丰富的文物与宋代美学的基调相结合，形成典雅的陈列风格？这些问题都真实地摆在我们面前，需要通过设计逐一解决。

图3-19　灵活布局的展品陈列

　　空旷的展厅空间给了形式设计师更大的发挥空间，但第一部分所在的原展厅有着固定的展柜摆放位置，流线已经被一排排大通柜固定排列好了。想要与秀美典雅的宋代美学相融合，就必须突破原有的格局，这是展厅陈列设计的难题之一。我们也尝试了更灵活的陈列布局，根据不同展品的形态和特性进行多维度的空间设计（图3-19）。对于立体器物，我们采用多角度观赏的布局，利用透明展示柜和多层次设置，展现器物的全貌和细节；而对于平面的书画作品，我们选择墙面悬挂和灯光烘托，并挑选合适的字画框架，让这些作品更好地呈现出艺术感。

设计中如果遇到瓶颈，停滞不前，还需要自寻出路开墙凿壁。我们不断寻找相关资料，查阅各种展览信息，试图寻找新的思路和灵感。湖南博物院的"闲来弄风雅"展览是我们的参考样本之一。其采用通柜展示的方式，利用宋式家具小几来调整展品的高低陈列，展示出一种独特的雅致风格。这样的陈列手法既融合了整体风格，又增添了一番风雅。我们依照这个思路，查阅宋式家具资料，提取其中的元素，将宋式家具桌脚造型用到基台上。把之前呈黑灰色、大体块的基台造型去掉，改用轻盈镂空的桌脚造型。通过几个高低不同的摆放陈列，宋代美学的典雅轻盈感顿时凸显出来。这个设计调整不仅改变了展品的陈列方式，更提升了整体的空间氛围感和观感。

这个调整过程让我们认识到，展览设计的创新不应局限于自身的思维框架，而要从各个角度不断寻找灵感和启发，找到破局的新路径，从而使整个展览更具魅力，更贴合主题。展览的陈列设计并非一蹴而就，它需要反复斟酌、调整和创新。不断探索新的方式，将展品特性与展览主题相结合，将展陈与时代特色融合，方能打造更有深度和更具魅力的展览。

（六）展厅的形式设计元素从何而来？如何选用？

在寻找形式元素的过程中，基于前面基础工作的顺利开展，我们以宋代的时代特征为基础，围绕宋代美学进行了元素的选择。灵感主要来源于宋代建筑和家具的风格。在这一设计过程中，我们以"物与展的融合"原则为指导，力求在设计元素中融入展品的特征。先是从宋代书画展品中寻找元素，并从中提取适合的设计要素。但这样的单一来源并不能满足展厅的设计需求。因此，我们将搜索范围扩大至展品以外，通过广泛搜集图文资料，并进行详细对比和反复印证，力图找到更多适合整体设计的具有宋代特色的信息和元素符号。同时，深入探索建筑、家具等其他具有宋代特色的元素，进行详尽的梳理和精心筛选，以期更好地满足展览设计的需求，给观众提供更加多元而丰富的体验。

在不断搜集资料的过程中，策展团队和设计师进行了反复确认与交流。每个人的意见和建议都为团队提供了宝贵的参考和指引，有助于更好地将找到的元素融入展览设计。这样的细致工作，使展览的设计充分呈现出宋代特色和时代风貌，使观众能够在展览中全面感受到宋代文化的魅力与丰富性。

在设计过程中，我们选取合适的素材，进行仔细规划和对比考察。这包括设计元素的位置、排布、大小比例等方面的安排。这一过程不仅让整体设计元素高度匹配，更让空间特色得到凸显，成为吸引观众驻足拍照打卡的焦点之一。展览设计的精妙之处在于，将不同元素有机地融合，形成独特而引人瞩目的展示效果。观众在欣赏展品的同时，也因为这些设计元素而获得更丰富、更有趣的观展体验。

竹，是文人墨客高风亮节的精神追求，携有高洁雅静的品性。苏轼之于竹，居所之外，漂泊之途，从诗作到书画，已然交融。竹也寄托着人们对苏轼精神世界的向往。我们将竹作为布景的首要元素（图3-20），贯穿于展厅，营造出淡雅的空间氛围。序厅以竹为点缀，整个空间用竹元素烘托出诗意与清雅的氛围：第一部分的廊道空间配置竹景，第二部分设置立体场景还原米芾名画《竹园品古》中的竹景，尾厅的"四事四艺"空间营造了竹林弹琴的惬意氛围，等等。

这些展示方式不仅是对东坡文化的呈现，更是对观众心灵的一次洗礼，使他们在展览中深刻理解苏轼的精神世界。

展览设计元素的选择不只出于单纯的装饰目的，而是出于不同空间点位和内容主旨情感的考量。竹作为主要元素贯穿整个展厅，并与宋代古建筑元素相融合，形成独特的空间氛围。在展览空间中，每个区域的设计元素都体现了不同的情感基调。例如，第一部分的"东坡书房"场景选择了屏风元素作为主要装饰，古色古香的屏风元素和天津沉香博物馆提供的宋式家具，营造出一种古朴典雅的氛围，观众仿佛置身于少年东坡潜心学习的场景。

图3-20　竹元素的运用

图3-21 尾厅"四事四艺"空间

　　第一部分的廊道运用灯箱月洞门，丰富了空间形态。这类设计元素不仅为展览增添了趣味性，也为观众提供了与展品互动并留下纪念性照片的背景，营造出生动的观展体验。第二部分一开始的主视觉空间运用灯箱屏风、格子门等装饰元素，结合对苏轼仕途及人生旅程的介绍，以及重点展品《东坡懿迹图卷》，实现了精彩的空间艺术表达。第三部分的展览空间以苏轼的文学成就为主题，精心选择、安排和设计了每个空间场景的形式设计元素。采用多媒体动画、空间吊顶纱幔等，将书画元素融入其中。尾厅"四事四艺"空间采用中式园林借景手法，选择符合宋式美学的窗框，并巧妙地融入宋代画作中的场景（图3-21至图3-23）。精心插入体现宋式美学的花艺，使展厅空间充满了韵味与灵动感。纱幔、灯箱和多媒体元素的运用，让观众仿佛置身于宋代雅致的文化氛围中。

图3-22　尾厅中式园林借景手法的运用（上）

图3-23　尾厅透景手法的运用（下）

不同的设计元素，基于展览内容和情感氛围的不同，让空间的每个角落都有着独特的氛围和意境表达。这种多元的设计元素不仅让观众产生了视觉愉悦感，更让观众在情感上与东坡精神产生共鸣，从而能够更深层次地理解东坡文化的内涵和魅力。可以说，展览空间中的每一处细节都展现了对宋代美学的尊重和诠释，使整个展览成为一个文化传承与体验的载体。

（七）如何做到既传递文本信息，又借助现代化手段实现交互体验？

多媒体技术手段的运用可以更加形象地传递文本信息，内容的融合呈现是我们一直在思考的方向。"苏轼主题文物特展"设置了十余个多媒体点位，展示内容包括诗词歌赋、人物生平、历史背景等，贴合文本信息，从不同角度展现了苏轼旷古无今的文学造诣，呈现了苏轼敢作敢为的正直作风与乐观积极的人生态度。

"水墨西湖"场景动态化地表现了苏轼在杭州治理西湖的故事，其以水墨画的形式将苏堤春晓、三潭印月等景色制作成优美的动态画面，结合地面投影营造出波光粼粼的水面，观众行走其中，如在画中游。

"诗词动态投影"采用盒子造型，通过诗词的背景介绍和文字的动态演绎，结合两端的镜面反射，生动展现了苏轼在文学上的辉煌成就。在不同区域还设有苏轼著名诗篇的墙面投影，既丰富了展览内容，又能唤起观众的共情。这些多媒体技术的运用与展览的主题和情感基调相呼应，精心选择与设计，巧妙地将观众引入苏轼丰富多彩的生活世界和文学世界，让他们在观展的过程中获得更丰富、更深层次的体验和感悟。

图3-24　展陈内容版式设计

（八）如何快速达意、找准思路，把展览内容转译为设计风格？

1.熟悉展览内容架构，确定主要表现风格

　　基于对展览内容结构的深入理解，我们以"诗意风雅"作为设计理念的主导方向。借鉴宋代竖条屏风以及古籍版式元素，利用竖线条和屏风结构对展览内容进行重新布局与组织，注重节奏感与连贯性，打造出符合宋代极简至美设计理念的版面风格（图3-24）。这种设计风格为整个展览注入了诗意与雅韵。部分版面区域采用了宋代园林艺术的风格元素，运用借景、观景和框景手法，将整个空间氛围融为一体。

同时，借鉴宋代设计理念，将内容与设计风格相融合，呈现出令人赏心悦目、耐人寻味的展览版面。

2.对重要点位进行专项设计

在对空间内容的主次之别进行全面考量后，我们对重要点位进行了专项设计，以呈现更富有韵律感和节奏感的展览版面。平面设计师在确定版面风格后，与内容策划人员进行了充分的沟通，对各个空间的重点区域进行精心设计，以更好地展现内容，营造不同的观展体验。

为了生动地展示苏轼的生平事迹，我们特意运用了纱幔屏风结构，错落有致地排列内容，使苏轼的事迹信息更加清晰和易于理解，营造出一种诗意的氛围。这种设计手法不仅使观众更容易抓住核心信息，也让他们仿佛置身于一幅别具韵味的画卷之中。

而在尾厅的互动区，我们打破了前面简洁典雅的风格，以更多元的色彩和有趣的板块组合——灵感来源于《清明上河图》的画面元素，使互动区和东坡集市变得生动有趣。这种突破传统的设计理念为观众带来了更加丰富和更具趣味性的观展体验，使他们可以参与其中，感受苏轼所处时代的热闹景象。

通过针对不同点位的专项设计，整个展览呈现出多样化的版面设计，更好地传递了展览内容的多样性和丰富性，同时，在视觉效果上也更贴合宋代雅俗共赏的审美倾向。展览空间信息明晰、内容丰富，观众能够在不同区域获得独具特色的观展体验。

3.人物背景与空间氛围的深度融合

在门头设计方面，我们以苏轼的人物背景与整体空间氛围相融合为设计出发点。针对观众的观展游线，在空间两边的墙面设计上巧妙采用了苏轼的卡通形象，生动展示了其乐观豁达的人生态度。同时，以苏轼生平事迹作为时间线，通过箭头引导观众了解两个展厅空间的观展游线，使其更加清晰。

门头的设计精妙地结合了展厅的主题墙和尾厅的内部空间设计。在门头的前半段，我们巧妙地结合主题墙，将苏轼的人物形象与诗句错落组合，营造出一种与展览主题相契合的氛围。而在门头的后半段，结合了尾厅的东坡集市设计，将苏轼的人物形象与宋代的时代背景相融合。

门头设计不仅是简单的装饰，更是展览内容与空间结合的一个切入点。通过设计上的细致考究，我们成功地将展览主题与苏轼这位重要文化人物的形象相结合，为观众创造了一个极具代表性的空间视觉效果。这种初步印象不仅吸引着观众进入展览空间，也为其整个观展过程中的深度理解和沉浸式体验奠定了基础。

海报的设计灵感来源于苏轼的人生态度和性格特征。第一款展览海报（图3-25）以朱褐色为基调，以展现苏轼宏大而豁达的人物形象为主。将人物形象与山川场景相融合，呈现出苏轼高洁傲岸、气度不凡的文人风范。朱褐色渲染出一种古朴、大气的氛围，与苏轼豪放率真的性格相得益彰。此版海报以充满视觉冲击力的布局和色彩，让观众一眼就能感受到苏轼散发出的深邃感与豪情。

另一款展览海报（图3-26）则以竹青色为基调，突出了苏轼洒脱从容的人物形象。这种深沉的绿色基调与苏轼的文人风骨恰如其分地融合，以蜿蜒曲折的道路作为引线，逐渐延伸至前方的小桥、山脉和河流等元素之中。这幅海报以竹青色的静谧与苏轼随遇而安的性格相呼应，呈现了他跌宕起伏、充满人间烟火气的一生。

这两款海报通过不同的色调和布局，带给观众直观、深刻的感受。无论是朱褐色所体现的大气豁达，还是竹青色所体现的洒脱从容，都是对苏轼多面人生的直观感知，激发了观众对展览内容的好奇与期待心理。

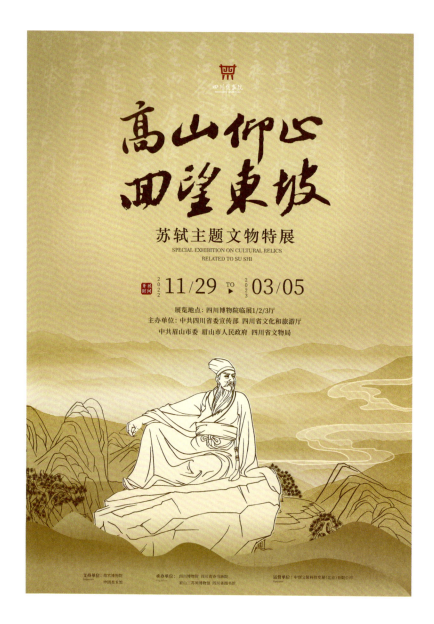

图3-25　第一款展览海报

图3-26　第二款展览海报

注　释

〔1〕赵瑛璞.关于人物类精品陈列展览的几点思考.中国纪念馆研究，2019（1）.

〔2〕黄剑波.作为"他者"研究的人类学.广西民族研究，2002（4）.

〔3〕段殳.色彩心理学与艺术设计.南京：东南大学，2006.

〔4〕刘恩御.色彩科学与影视艺术.北京：北京广播学院出版社，2002：217.

〔5〕杰克·特里锡德.象征之旅：符号及其意义.石毅，刘珩，译.北京：中央编译出版社，1983.

四望東坡

Looking Back on
Su Shi

人在画中游　亦是画中人

　　"人在画中游，亦是画中人。"漫步于"苏轼主题文物特展"展厅，观众不仅是观展者，更是穿梭在历史画卷中的行者，仿佛置身于画作之中，与历史人物同框，与博物馆共谱华章。观众在这段历史的亲身体验中，与文物、文化交融。

　　来到"苏轼主题文物特展"，精巧的展陈布置、丰富多彩的文物以及不同类型的观展者，构成了一幅幅令人沉浸的画卷。在这个展览中，观展不再只是欣赏历史的表面，更是触摸历史的灵魂。家庭及少儿观众、青年观众、中老年观众，每一位观展者都在这里寻找着与苏轼、与宋代文化产生共鸣的方式。少儿观众，或许是在家长的带领下来到这里，但在丰富的教育活动中，他们自发地与苏轼的故事相结合，用孩童活泼的眼神与童真的思维，探寻着古代文化的奥秘。青年观众，或是抱着对历史的好奇心理，或是为追溯文化根源，他们在展品前，用敏锐的思维和批判的眼光解读苏轼的生平与文化内涵。中老年观众则在这里寻找历史印记，对苏轼及宋代文化有更深的共鸣。

　　"苏轼主题文物特展"不仅是一场观物的视觉盛宴，更是一次心灵的洗礼。在观展的过程中，借助于展品，观众仿佛穿越时空，在历史的舞台上与苏轼相遇，感受他跌宕起伏的一生。每一件文物，每一幅画作，每一个文字，都是苏轼留下的珍贵痕迹，也是观众与他对话的媒介。

　　因此，展览不仅是回望苏轼，更是观照我们自己的内心；观展不仅是对苏轼的探寻，更是对自身文化认同的探寻。在苏轼的画卷中，观众寻找着自己，追寻一个更加丰富、更有底蕴的内心世界。在这幅苏轼画卷中，观众汲取智慧、感悟人生，其人生也成为历史画卷中独一无二的存在。

一、场域效应——观展行为背后的共性

博物馆展览现场所构成的物理空间与社会空间的共同作用，形成了有动力性与交互性的"场"，影响着博物馆展览观众的行为选择。在"苏轼主题文物特展"的观众观察、调查与访谈过程中，可以了解到观众的观展动机、观展行为、观后感受具有共性。家庭及少儿观众、青年观众、中老年观众等不同类型的观众，其观展行为却具有相似之处。

场域概念由法国社会学家皮埃尔·布尔迪厄（Pierre Bourdieu）提出，一个场域可以被定义为在各种位置之间存在的客观关系的一个网络或一个构型。博物馆为进入其场域的个体提供了具有动力性和交互性的生活空间，从而形成个体与环境相互作用的整体状态。

（一）观众调查简介

2023 年 2 月，策展团队与四川大学考古文博学院文化遗产系文物与博物馆专

业的学生组成调查小组，围绕"苏轼主题文物特展"展开观众调查。本次调查由四川大学李倩倩副教授带领，牟文星、康玉潇、钱语心、梁爽、李佳宁、邸馨可、刘双双、白翎、陈璐等本科生及硕士研究生参与。

　　时值新年后的展览尾声，但展览仍然热度不减，大量游客受到吸引来到四川博物院看展。调查团队于 2 月下旬开展两次观众调查（表 4-1），共调查、访谈家庭及少儿观众 29 人，青年观众 16 人，中老年观众 9 人，共计 54 人。

表 4-1　访谈对象及其特征描述（部分）

编号	背景特征	访谈方式	时间
F-F-1	家庭观众，3 人；父母 85 后，女儿 5 岁	展览现场访谈	2023 年 2 月 22 日
F-F-2	家庭观众，2 人；父亲 80 后，儿子 11 岁	展览现场访谈	2023 年 2 月 18 日
F-D-1	家庭观众，2 人；母亲 80 后，女儿 11 岁	展览现场访谈	2023 年 2 月 18 日
F-G-1	家庭观众，2 人；母女	展览现场访谈	2023 年 2 月 18 日
F-G-2	家庭观众，2 人；母亲 80 后，女儿 11 岁左右	展览现场访谈	2023 年 2 月 18 日
F-G-3	家庭观众，5 人；家人 80 后，两个女儿分别为 9 岁、12 岁	展览现场访谈	2023 年 2 月 18 日
F-H-1	家庭观众，4 人；父母 85 后，儿子及其同学 12 岁	展览现场访谈	2023 年 2 月 18 日
F-H-2	家庭观众，2 人；母亲 85 后，儿子 8 岁	展览现场访谈	2023 年 2 月 18 日
F-H-3	家庭观众，3 人；父母 80 后，女儿 12 岁	展览现场访谈	2023 年 2 月 18 日
F-I-1	家庭观众，4 人；父母 80 后，儿子 10 岁，女儿上幼儿园	展览现场访谈	2023 年 2 月 18 日

本次观众调查主要针对观众在每个展厅、展项前的停留时间与观展行为展开，根据观众阅读速度与行为进行 A、B、C、D、E 等 5 类结果的划分。根据脑力负荷相关研究，人的信息加工过程实际上包括两个过程：一个是信息交流，包括信息的输入和输出；另一个是信息加工。其中，信息加工是核心，而信息交流是必要的条件，信息的流通速度超过人的接受或输出速度会导致信息流失。展览中的文本主要包括展板文字、文物说明牌等。展板文字篇幅在 200 — 250 字，阅读时间在 20.26 — 25.33 秒；文物说明牌的字数则在 30 字左右，阅读时间在 3.04 秒左右。展板字号较大，单位时间内的阅读速度会有所提升。因此，本次调查将观众划定为以下 5 种类型：

A. 未观看

B. 快速浏览（单个点位阅读时长小于等于 3 秒）

C. 仔细观赏（仔细观赏展区内个别文物、阅读个别展板或说明牌，单个点位阅读时长为 5 — 25 秒）

D. 深入观赏（仔细观赏展区内绝大多数文物、仔细阅读绝大多数展板或文物说明牌，单个点位阅读时长在 25 秒以上）

E. 互动（观赏时进行拍照、与同行者交谈、讨论或向展厅工作人员询问）

在展览中，我们特别关注了家庭及少儿观众的反馈。针对家庭及少儿观众的调查与访谈显示，观众平均停留时间最长的展项是第一展厅的第一部分"一门三杰孕于蜀"之第二单元"生长于斯颂家风"。第二单元主要涵盖"苏氏家族"和"三苏父子"的内容，大量家庭观众对眉山苏氏家族世系简表、三苏父子及名字来源有浓厚兴趣。展示苏轼生平事迹的序厅和第二部分"跌宕起伏的一生"也备受关注，尤其是展示学风、家风阐释的部分，家庭及少儿观众对此表现出极高的关注度。从交谈、拍照等互动频率来看，家庭及少儿观众喜爱在序厅处及"三苏父子"的造景处交谈、拍照，多数人在第二展厅第三单元"千年一遇的全才"空间拍摄文物照片，主要为赤壁系列作品及《潇湘竹石图》、《黄州寒食帖》、《洞庭春色赋·中山松醪赋》卷等，这些文物也是明星展品。同时，在展览结尾的互动装置那里，观众停留时间较长。通过访谈得知，家庭及少儿观众获取展览信息的主要来源是网络宣传、朋友与老师推荐，父母大多在"苏轼家族"及苏轼生平部分对孩子展开教育，引导孩子思考日常学习中与苏轼有关的诗词内容和历史事件，用苏轼乐观豁达的人生态度教育孩子如何积极面对挫折。

　　　　孩子已经学过一些苏轼的诗词，展览让她更好地理解了苏轼。展览的布置很好，内容和细节都做得很到位，苏轼的古诗词配合展览布置的意境很好，代入感很强。（受访家庭 F-G-2）

　　　　寒假时，女儿的老师就对展览进行推荐，这次主要是陪女儿来感受苏轼的诗词。（观展过程中）拍了很多诗词，希望她回去能够背诵下来。通过跟随展览的讲解，可以让她对古诗词有更好的理解，在背诵这些诗词时更加容易。（受访家庭 F-D-1）

　　　　四川有着悠久的历史和深厚的文化底蕴，如三苏、三星堆古蜀文明等，因此作为家长，希望平时注重对孩子的人文情怀教育。在小学阶段，课内文化教育的内容深度、广度都有限，加上父母都是上班族，孩子平时接受人文教育的机会不多，因此周末来博物馆观展是让孩子感受人文熏陶的重要方式。（受访者 F-H-1）

　　针对青年观众的调查与访谈显示，观众平均停留时间最长的展项是第一展厅的第一部分"一门三杰孕于蜀"，主要停留在第一单元的"物阜民丰"空间、第二单元的"少年东坡"空间。这一单元主要讲述了少年东坡的生活轨迹。从交谈、拍照等互动频率来看,青年观众比较喜爱在"三苏父子"的造景处和展览第一部分"一门三杰孕于蜀"第一单元"宋代蜀地风物美"空间进行交谈、拍照,有大量青年观众热衷拍摄展览中的文物、文物说明牌与造景。通过访谈得知,大多数青年观众选择与同伴好友一起前来看展,其获取展览信息的主要来源为网络宣传(小红书、微信公众号等平台),观展的主要动机为对苏轼的喜爱、对宋代风物的向往,以及对书画、古琴等传统文化的喜爱。例如,古琴爱好者在文物"诵馀"七弦琴前停留很久,书法绘画爱好者则在米芾、蔡襄的作品以及《西园雅集图》等书画文物前细细观看。

　　看完这次展览,真切地感受到了苏轼的心态,虽然他多次被贬,但是心态依旧十分乐观,这是值得学习的地方。(受访者 Y-M-1)

　　很喜欢这个展览的氛围,我们想要通过这些真迹了解苏轼和宋代文化,通过文物看到是什么时代和什么原因造就了苏轼这样的人格。我很喜欢苏轼的性格,很希望成为他这样的人。(受访者 Y-C-2)

　　我最喜欢的是《黄州寒食帖》与《西园雅集图》,因为我自己也在学习古琴,而且喜欢米芾的作品,希望在生活中可以效仿古人,所以今天看展特地选择了汉服着装。(受访者 Y-C-3)

　　针对中老年观众的调查与访谈显示,观众平均停留时间最长的展项是第二展厅的第三部分"千年一遇的奇才"、第四部分"人间有味是清欢",主要停留在"书画一律自成体""西园雅集叙佳话"空间,在苏轼及其他书画家的作品前停留较长时间。通过访谈得知,许多中老年观众热爱诗词、书法、绘画。从交谈、拍照等互动频率来看,中老年观众喜爱在序厅、第二部分"跌宕起伏的一生"之第二单元"意气风发志四方"空间进行交谈、拍照。许多中老年观众是在子女、配偶的陪伴下前来观展，其获取展览信息的主要来源为微信公众号，观展的主要动机为对苏轼的喜爱以及对传统文化的喜好。

> 我父亲是从西北家乡来看我的，我是在微信上看到苏轼展的宣传，带父亲前来观看。他写了十几年书法，很喜欢这次展览，尤其是展览中丰富的书画类展品，让他感到受益匪浅。我平时对苏轼有一定的了解，展览则对苏轼做了全方位的展示。（受访者O-H-1）

> 我住在东坡路，那边有苏轼的塑像。我知道东坡桥的故事，也很喜欢吃东坡肉，在这个展览中知道了"东坡肉"名字的由来。这是我第二次观展，第一次没看完就闭馆了。很喜欢这次做的讲解，全面、详细。苏轼无论是在高位还是底层，都能为群众做事。生平起落都体现了苏轼的处世态度，这对我也很有启发。（受访者O-B-1）

总体来看，针对不同年龄层次的观众，展览呈现了丰富的内容和较强的互动性，充分满足了他们的差异化需求。展览策划在不同层面均考虑了观众的需求，通过内容设置、展陈形式等方面的设计，吸引了不同年龄层观众的关注与参与。

（二）观展行为总结

在不同的文化和社会背景的影响下，三类观众（家庭及少儿观众、青年观众、中老年观众）在年龄、职业、来源等方面的属性各不相同，他们的观展行为既有差异也有共性。

1.差异

观展动机不同。家庭及少儿观众前来观展多是出于父母的教育目的。博物馆是众多家庭所认可的开展儿童教育的重要场所，"苏轼主题文物特展"涉及丰富的文学与历史知识，吸引大量家庭观众带领儿童前来参观。青年观众主要是出于对博物馆文物、苏轼与宋代文化的喜爱，前来学习、打卡、拍照。中老年观众则是出于对书法、绘画、诗词的喜爱，前来欣赏苏轼真迹。

观展互动行为不同。家庭及少儿观众更喜欢在文物说明牌前停留交流，多是父母向儿童复述、讲解展板文字与文物；家庭及少儿观众在最后的互动展项处停留更久，但由于儿童注意力易分散、展览展线较长，少儿观众更容易产生疲劳感。青年观众多是对展厅及文物进行拍照，在造景处合影，与同伴交流相关信息。中老年观众多为独自观看，少有互动。

对文物和文物说明牌的关注度不同。青年观众与中老年观众对文物是否为真迹的问题较为关注，对文物说明牌的关注度相对较低。家庭及少儿观众则对文物说明牌内容的关注度较高。

2.共性

大多数观众在诗词文本的造景设计前停留较久。"苏轼主题文物特展"将苏轼诗词融入对其生平的介绍之中，观众随着对苏轼一生起伏的介绍，了解到曾经熟悉的诗词是在何种背景与心境之下创作出来的，产生共情。

日常生活爱好影响了观众的观展行为，对苏轼及宋代风物的了解程度影响了观众的观展偏好。大量观众谈到自己对书法、绘画、诗词、古琴、美食的喜爱，并且在书画文物、古琴文物前以及东坡美食的介绍文字前停留较长时间。

总体来看，家庭及少儿观众更注重展览中的家族传承和教育意义，青年观众对苏轼的早年经历和成长轨迹表现出浓厚兴趣，中老年观众则更倾向于深入了解与欣赏传统文化艺术。

（三）观展行为与记忆生成路径

建构主义认为，认知来源于主体和客体之间"平衡—不平衡—平衡"的相互作用，探究观众认知建构时，离不开探讨作为记忆主体的"人"的参与，从中去探究外部物理环境与内心情感世界的互动。"苏轼主题文物特展"的叙事设计与空间设计为观众提供了记忆重塑的环境场，观众则在对苏轼生平、才情、性格与宋代历史的了解中形成心理场，经历"认知记忆—体验记忆—重塑记忆"的过程。

1.环境场：展览叙事、空间营造与诗词唤醒

场景空间的营造对展览内容的阐释具有辅助作用。在2022年9月举办的"跨文化视野下的气氛美学国际会议"上，国际美学学会会长罗德里戈·杜阿尔特（Rodrigo Duarte）表示："我们在生命体验中都会感受到气氛和氛围，从哲学的视角出发可以让我们更好地感受和体验气氛带来的审美意义。气氛体验涉及那些基于身体感知、情感与精神交融的审美实践，展现了各自的文化渊源和文化身份。"例如，"竹院品古"场景将文物与多媒体元素、家具陈设、道具摆件结合起来，根据明代仇英的画作进行场景还原，描绘了苏轼与米芾在竹院鉴赏古玩的场景，再现宋代风雅。又如，苏轼诗词展览叙事中的亮点与重点，展厅多处精心设计了诗词文本，将观众耳熟能详的诗词文本生动地呈现在他们面前，引来大量观众拍照。

2.心理场：教育基础认知与个人经历

据统计，统编语文教材共收录14篇苏轼的诗文（小学5篇，初中5篇，高中4篇），数量在中国古代作家作品中居前列。苏轼的诗词影响着每个中国人

的童年，许多人第一次在心中留下对于苏轼其人其事的印象主要就是通过苏轼的诗词作品。随着人生经历的丰富，青少年对苏轼的诗词有了更多的理解与更深的感悟。观众调查与访谈结果也印证了这一点：许多观众表示苏轼乐观旷达的性格与胸襟对自己产生了较大的影响。

无论是何种类型的观众，总是带着其自身"初始载入"的记忆进入展馆的。观众首先是基于个体认知理解展览信息，因此，当其个人与历史产生明显的关联时，其就有可能与展览建立情感联结。观众在展览中了解到苏轼的成长环境及其仕途起伏时的复杂心境，在博物馆的空间中体验了不同的历史记忆，同时结合个人的认知基础，加深了对苏轼的理解，重塑了对苏轼以及四川地区的认知与记忆。

值得一提的是，"苏轼主题文物特展"吸引了大量汉服爱好者，有的甚至特地从其他省市前来。根据现场交谈，许多穿着汉服的观众"试图用这种方式以一种历史的姿态来见苏轼，在观看同时代、同空间文物的过程中离苏轼更近"。

二、"1＋N"模式——跨界合作的全新升级

为了弘扬新时代价值，四川博物院植根中华优秀传统文化的沃土，配合"苏轼主题文物特展"，以苏轼跌宕起伏的人生为线索，以宋代社会面貌为背景，全方位为观众打造了20余场不同类型的系列教育活动，共计4000余人参与，发挥了博物馆"以史育人、以物教人"的功能。四川博物院积极探索"1台展览＋演出、讲座、社教、研学、文创、书籍等若干项目"模式，社会效益凸显。

"苏轼主题文物特展"如同一扇时光之门，将苏轼的风采与精神全面呈现在观众眼前，印在观众心中。配合展览推出的各类活动，细致入微地展现了宋代传统文化的多样面貌，受到观众的普遍好评，同时也很好地发挥了博物馆的社会服务功能。展览不再只是陈列文物，而是立体地、多维度地将宋代文化生动地呈现出来，传递出一个人、一个国家、一个民族应有的志气、骨气、底气。

（一）三展联动

为更全面、深入地展示当代不同群体对苏轼的理解与纪念，从不同维度讲述东坡故事，四川博物院配合"苏轼主题文物特展"推出了青少年"我心中的苏东坡"创作展，并与四川省诗书画院共同策划了"高山仰止·回望东坡——当代书画名家作品展"（下文简称"当代书画名家作品展"）。三场引人注目的展览活动呈现了不同侧面的苏轼，从历史文物、青少年创作到当代书画，为观众提供了多个维度的文化体验和审美享受。"苏轼主题文物特展"将苏轼的一生及其在治国理政、文学艺术等方面的成就展现在观众眼前，观众不仅可以了解苏轼的人生轨迹，还能深刻感受宋代文人雅士的生活气息。青少年"我心中的苏东坡"创作展则是年轻一代通过自己的视角和创意表达对苏东坡的理解与感悟，学生们以不同的形式参与创作，作品充满活力和创造力。"当代书画名家作品展"展示了东坡文化中的人生境界、审美理想及文人风骨，以抽象、写实等不同的方式表达了对苏轼及其作品的当代解读。

这三场展览不仅是对东坡文化的多维度呈现，也是历史与当代的交融和对话。每一位观众都能在这些展览中获得对文化、历史和艺术的更深层理解，感受到东坡文化在当下依然散发着独特的魅力。

1.青少年"我心中的苏东坡"创作展

四川博物院在展览期间与不同的中小学校合作，与学校共同组织学生参与观展、开展创作活动、开展评选、在博物馆展出优秀作品等，让学生充分发挥想象力，结合语文课对苏轼诗词的学习以及课外对三苏文化的了解，完成"我心中的苏东坡"作品。作品形式不限，有美术创作、艺术装置、文学创作等。展览开幕前第一所参与展示的学校是成都草堂小学，从几百件全校征集的作品中评选出100多件送展作品，作品形式丰富，有软/硬笔书法、创意绘画、小报、剪纸、版画、国画、立体装置作品、蜡染等。在整个展期，有众多学校组织学生积极参与。四川博物院选择其中的优秀作品结集成册，以图文并茂的形式集中展示了这次青少年"我心中的苏东坡"创作展的成果（图4-1）。

2.当代书画名家作品展

"当代书画名家作品展"设在四川博物院三楼，主要展出来自全国的风格各异的80件当代书画作品，以"烟雨任平生""意造本无法""明月清风我"三个单元，分别阐释东坡文化蕴含的旷达超逸的人生境界、自然尚意的审美理想、高洁傲岸的文人风骨（图4-2）。"当代书画名家作品展"既是对传统文化的守正创新，亦是在新时代坚定文化自信、铸就社会主义文化新辉煌道路上，对传统文化精神的当代诠释和演绎。透过一件件当代名家创作的书画精品，我们得以见证源自北宋的东坡文化在当代如何得到理解与衍生。"当代书画名家作品展"所呈现的每一幅作品都承载着新时代的思想光辉与精神气质，让传统文化焕发更为绚烂的时代光彩。展览邀请了全国各省市的重要书画家，围绕"东坡文化的当代诠释与演绎"这一命题展开创作。艺术家通过各具特色、形式多样、内涵丰富的书画作品，全方位展示了以东坡文化为代表的中华优秀传统文化在新时代的传承与发展。他们的创作不仅是对历史的致敬，更是对当代社会的独特解读，呈现出文化传承的深厚内涵，具有重要的

图4-1　青少年"我心中的苏东坡"创作展作品展示

图4-2　"当代书画名家作品展"展厅

图4-3　"当代书画名家作品展"展出的不同风格的书画作品

时代价值和现实意义。"当代书画名家作品展"如同一次文化之旅，将观众带入一个融合古今、传承创新的艺术空间。透过艺术家独特的视角，观众得以沉浸在东坡文化的独特魅力中，感受传统与现代的完美交融（图4-3）。"当代书画名家作品展"营造的文化氛围不仅能唤起观众对历史的回忆，更引领着观众思考当代文化的传承与发展，体现了文化自信的深刻内涵。这样一场文化盛宴，让人们更加深刻地理解了东坡文化在当代的重要性，为文化繁荣的明天奠定了坚实的基础。

（二）公益讲堂

　　为传承弘扬东坡文化，讲好东坡故事，四川博物院特别策划推出"高山仰止·回望东坡——苏轼主题文物特展"系列学术讲座。该系列讲座邀请来自北京大学、故宫博物院、四川大学、四川博物院、四川省文物考古研究院、西南民族大学、西华大学的9位专家，结合历史文献资料及考古学研究成果，从人生智慧、饮食文化、物质文明、书画审美、巴蜀文化、政治理念与实践、人文精神等不同维度，解读中国历史上"人间不可无一难能有二"之苏轼影响千载的精神财富，展现风雅大宋的历史文化面貌，为公众带来精彩的学术盛宴。

　　2022年12月2日，四川大学文学与新闻学院教授、博士生导师，中国苏轼研究学会会长周裕锴主讲"苏东坡人生智慧对当代社会的启示"。他结合丰富的史料，运用通俗易懂的语言，从温和的改革、思想的包容、人性的尊严、超然的审美、潇洒的人生、智慧的观照、实干的精神、亲和的人性、对女性的尊重等9个方面，对苏轼的人生智慧及其对当代社会的启示进行了系统的梳理和阐述。在两个多小时的讲座中，周裕锴教授展示了一位立体的历史人物，直播结束时获得了6万人次的浏览量。在评论互动中，一位网友询问应怎样看待"人生缘何少快乐，只因未读苏东坡"，周裕锴也幽默地回答了网友的提问："苏轼是个美食家，但是他的美食都是在他最倒霉的时候做出来的。他用诗意的情怀，变成了有趣的人生。"苏轼最重要的精神就是超然物外，不做物质的奴隶。人的灵魂才是最高贵的，苏轼给我们的启示就是在困难中也要寻找快乐，找到人生的价值所在。

　　2022年12月8日，北京大学教授、博士生导师齐东方主讲"苏东坡与宋代饮食"。在苏轼的笔下，可以看到教科书式的"东坡肉"烹饪流程，也能感受到他作为美味"羊蝎子"始创者的欣喜与自豪……在苏轼宦海沉浮的一生中，美食既疗愈其身体，也慰藉其心灵。他与美食结下了不解之缘，还善于把美食与文化结合起来。作为大名鼎鼎的"顶流"美食家，他对宋代饮食文化的发展功不可没。齐东方教授结合东坡诗词、历史文献、出土文物等丰富的图文资料，带领观众"穿越"回宋朝，探秘令人垂涎欲滴的东坡美食，呈现中国古代美食巅峰时期的舌尖风华，体验了一场精彩绝伦的、充满视觉和精神享受的舌尖之旅。《礼记·礼运》说："夫礼之初，始诸饮食。"中国饮食，是一种内涵丰富的文化。在追求美好生活的过程中，历代美食家花了很长时间寻找什么能吃、怎么吃，并惠及后人。在中国饮食文化的创造、促进、发展中，苏轼独领风骚，懂吃、爱吃、会做，但这不仅是苏轼的嗜好、逸事——他留下的大量诗文，更是对中国饮食文化的一大贡献。苏轼使中国饮食文化变得丰富而精彩。苏轼对美食的态度，也是他对生活的态度。

2022 年 12 月 29 日，四川大学教授、博士生导师舒大刚主讲"人本、情本、民本：苏轼的人文精神"。他以苏轼留下的著名经学著作《易传》《书传》《论语说》以及大量的文献资料为线索，系统地阐释了苏轼的人文精神及其当代价值。苏轼的人文精神，一个最明显的标志就是重视人、重视情与重视民。他的"人本"让他有理性，不失人间烟火气，不脱人间本色；他的"情本"使他富于情感，有喜怒哀乐，温馨可亲；他的"民本"超越阶级与时代，他以民本立言，以民本治理地方，并且竭尽所能地为群众办实事、办好事，这是他获得最广泛认可和尊敬的根本原因。

2023 年 1 月 5 日，四川博物院首席专家魏学峰研究员主讲"苏轼书画艺术与审美"。他通过对苏轼书法代表作的鉴赏，结合对苏轼书法理念的梳理与归纳，指出苏轼作为宋代"尚意"派书法的创导者，将宋代书法带入了全新的天地。魏学峰研究员摘取了苏轼的佳句来概括"尚意"书风的核心审美观点："出新意于法度之中，寄妙理于豪放之外""书无意于佳乃佳""我书意造本无法，点画信手烦推求"。"意"成为书法创作的灵魂，苏轼注重内在的精神追求与主观情感，将自己的心境寄情于笔墨之间，鼓励创新、张扬个性、崇尚自然。

2023 年 1 月 12 日，西华大学文学与新闻传播学院院长、教授，中国苏轼研究会副会长潘殊闲主讲"苏轼与巴蜀文化"。潘殊闲教授以历史、人文、地理为维度，从天府之国的毓秀、两河流域的滋养、巴蜀学派的濡染三个方面解码了苏轼这位文化巨人得以诞生的乡土基因：生于富庶安逸的巴蜀地区，热爱生活、乐观旷达、爱好广泛，文翁兴学则使蜀中学风日盛，文化出版事业昌隆，文化家族与家族文化蔚为壮观，形成一派胜景。身处两河流域的巴蜀地区，先天具有勾连东西南北的区位优势和文化传统，地处盆地的人们普遍具有一种开拓与开放、兼蓄与兼容的集体文化性格。巴蜀学派的晕染也对苏轼产生了非常大的影响，易学、儒学、佛学在蜀中的传承与发展，渗透在苏轼的文学创作、行为处世等诸多方面，使他的学术特点体现出鲜明的杂家特色。

2023 年 2 月 8 日，四川省文物考古研究院副院长刘志岩主讲"苏东坡时代四川地区的物质文化——以北宋墓葬为例"。不论是从居民生活水平、社会发展水平，还是从文化发达程度、商业繁荣程度来看，宋代可谓处于华夏历史的高峰。刘志岩副院长结合丰富的考古发掘资料，详细介绍了四川地区北宋墓葬的基本形制类型以及出土的瓷器、陶俑、金银器、铜镜、买地券等文物，依据对出土文物的梳理阐释，参照相关文献资料，从服饰、饮食、住宅、出行等四个方面再现了苏轼生活的北宋时期的社会生活图景，为观众带来了一堂生动鲜活的考古公开课。

2023 年 2 月 15 日，北京大学历史学系教授、博士生导师赵冬梅主讲"苏轼，在王安石与司马光之间"。她追根溯源，以史料为基础，从文本出发，通过对《王安石赠太傅制》《亡兄子瞻端明墓志铭》《乞选用执政状》等历史材料的对照品读，揭示了苏轼对王安石和司马光真实的评价。苏轼对王安石的人品、学识、政治执行力与影响力持肯定态度，而对他的"好人同己""靡然变天下之俗"并不认同；对于曾因熙宁变法而同时受到排斥的司马光，苏轼认为其"虽有忧国之志而才不逮心"。在波谲云诡的政治风云中，苏轼始终保持着独立自由的人格特质，秉心至公，守其初心。

2023 年 2 月 21 日，北京大学历史学系博士、西南民族大学旅游与历史文化学院硕士生导师张卫忠主讲"苏轼的政治实践与政治智慧"。张卫忠从苏轼的制举《进策》二十五篇和《思治论》说起，揭示了苏轼对北宋"无财、无兵、无吏""天下有二患，有立法之弊，有任人之失"等政治问题的精准判断。十次任职地方的苏轼，体察百姓民生，自觉磨炼治郡才干，积累了丰富的政治实践经验，因此在仕宦中央时，面对王安石新法中的募役法、蔡确"车盖亭诗案"等重大事件，他提供的都是不偏激、折中而务实的政治方案，展现出因势利导、适用有功等政治智慧。

2023年3月3日，故宫博物院副院长、研究馆员任万平主讲"千古风流——苏轼及其历史的光芒"。任万平副院长首先以苏轼小传入题，探寻了苏轼的相貌、名字、称号及人生经历，再以他与亲朋的相交作为观察的视角，展现了苏轼与家人之间的父慈子孝、夫唱妇随、兄友弟恭以及他对待师友的尊敬与真挚。除了高尚的人格精神，苏轼的艺文成就堪为当世激赏、后世仰慕，他的诗、词、文被历代的文人名士甚至帝王临仿，他的故事成为后世文学艺术创作的"高频"主题。他的艺术成就、德操政声、人格精神在历史文化长河中产生的影响力至大至微，至深至远，照见于天地，也照亮当下。

在"川博讲堂"，专家的讲座可谓知识的盛宴，以丰富的资料、图文并茂的展示，以及深入浅出、生动有趣的讲解引发了广大线上观众的热烈反响。系列讲座因新冠疫情影响而采用线上方式，观众响应积极，不仅观看量在四川博物院官方微博平台和"看度"平台达到了155万人次，而且观众在专家讲座结束后踊跃提问，专家则一一细致解答，取得了良好的互动效果。

这一系列讲座有力地深化了公众对苏轼、三苏文化以及巴蜀文化的了解与认知。在讲座中，苏轼这位出身蜀地、名扬千古的文化巨人被展现得更加可亲、可感、可敬、可爱。主讲专家不仅深度解读了苏轼在文学、书法等领域的成就，更将他的个人经历与历史背景巧妙地融合，让观众更贴近、更深入地了解这位伟大的文化使者。"川博讲堂"作为文化传播的桥梁，不仅致力于向公众展示中华优秀传统文化的精髓，更将其演绎为一场饶有趣味的互动体验。这次讲座成功地打造了公益学术讲座品牌，展示了四川博物院强大的文化传播能力。

（三）社教活动

为了更好地宣传、推广、阐释"苏轼主题文物特展"，四川博物院以展览文物为媒介，设计了一系列课程，提炼出代表三苏文化、三苏精神的主题。这些主题尤其针对青少年的学情，囊括文学鉴赏、艺术赏析、生活美学等多个方面，以期既展示三苏的卓越成就，又帮助青少年全面了解苏轼的生平、人格魅力，以及他在文学艺术领域的杰出成就。

这一具有教育性质的特展活动旨在增进青少年对北宋时期的社会、经济、文化等领域的全面了解。他们不仅可以从苏轼的文学作品中感受到时代的风貌，更能够感知北宋时期社会生活的方方面面，从而在愉悦的学习过程中加深对中国传统文化的理解。

1."人见人爱苏东坡"系列青少年主题研学

在展览期间，四川博物院和成都博格仕教育咨询有限公司共同推出"人见人爱苏东坡"系列青少年主题研学活动，带领青少年走进苏东坡生活的时代，认识一个全面、立体的苏东坡以及北宋社会的方方面面。课程针对5—7岁、8—12岁进行分段设计和实施。

"人见人爱苏东坡"系列青少年研学活动共分为以下三个主题：

主题一：东坡带你游北宋

　　主题核心是历史人文。孩子们跟随苏东坡的人生足迹，了解他所生活的时代背景、政治经济、社会民生，看看是什么样的时代造就了这样一位传奇人物。

主题二：东坡带你赏宋画

　　主题核心是艺术鉴赏与实践。孩子们在专业的宋画老师的带领下，学习中国传统绘画尤其是宋画的发展过程，欣赏名画，了解不同流派的艺术特点，感受中国传统绘画独特的文化内涵和艺术魅力。

主题三：东坡带你学宋词

　　主题核心是文学鉴赏。重点学习宋代文学成就的高峰——宋词，带领小朋友了解有关宋词的有趣知识，包括宋词的产生、词牌名背后的故事、经典宋词赏析等，深入体味宋词之美。

　　课程在开展后的每个周末、元旦、寒假等节假日实施，力求让更多的孩子走近苏东坡，巩固回应学校的语文、德育、历史、美术等学科教育（表4-2）。

　　与"苏轼主题文物特展"相关的青少年主题研学活动一共开展了28场，参与人数共计399人。苏轼作为中国历史上著名的文学家、政治家，他的作品对儿童的综合素养和文化修养有积极的影响和启发作用。

　　其一，文学启蒙和阅读兴趣培养。苏轼的诗词、散文等文学作品内容丰富多彩，语言优美，富有想象力和情感，有助于激发儿童对文学的兴趣，启发他们对诗歌、散文等文学形式的理解和创作欲望。

表 4-2　"人见人爱苏东坡"系列青少年研学活动

时间（2023 年）		年龄	课程
12 月 3 日	9:30 — 11:30	5 — 7 岁	东坡带你游北宋
	14:00 — 16:00	8 — 12 岁	东坡带你游北宋
12 月 11 日	9:30 — 11:30	5 — 7 岁	东坡带你赏宋画
	14:00 — 16:00	8 — 12 岁	东坡带你赏宋画
12 月 17 日	9:30 — 11:30	8 — 12 岁	东坡带你学宋词
	14:00 — 16:00	8 — 12 岁	东坡带你学宋词
12 月 25 日	9:30 — 11:30	5 — 7 岁	东坡带你游北宋
	14:00 — 16:00	8 — 12 岁	东坡带你游北宋
12 月 31 日	9:30 — 11:30	5 — 7 岁	东坡带你赏宋画
	14:00 — 16:00	8 — 12 岁	东坡带你赏宋画

　　其二，品德塑造和人生态度培养。苏轼作品中蕴含的高尚品格、乐观向上的生活态度等特质，有助于儿童树立正确的人生观、价值观。他的作品也体现了对清廉、正直、宽厚、豁达等品格的追求，对儿童的品德塑造有积极的影响。

　　其三，历史、文化认知拓展。苏轼的作品常常融合了历史、文化等元素，通过他的作品，儿童可以对中国历史、文化有更深层次的认知。

　　其四，创作和表达能力培养。通过阅读、理解和模仿苏轼的诗歌、散文等作品，儿童可以提升自己的表达和创作能力。苏轼的作品有时使用简洁而深刻的语言表达出丰富的情感和意蕴，这对于培养儿童的语言表达能力和写作技巧有一定的帮助。

2.古法拓印体验活动

"苏轼主题文物特展"邀请到了眉山三苏祠的拓印老师，其专门为观众准备了非遗拓印体验活动。非遗拓印有两个模板，一为红底白字，一为黑底白字，石碑上的文字为眉山三苏家训——"为政清廉，非义不取，孝慈仁爱，读书正业"。观众在沉浸式的文创集市中体会传统拓印艺术的魅力，仔细观摩三苏家训，感受苏轼家族的家风熏陶。把一张坚韧的薄纸事先浸湿，再敷在石碑上面，用刷子轻轻敲打，使纸入字口，待纸张干燥后用刷子蘸墨，轻轻地、均匀地拍刷，使墨均匀地涂布纸上，然后把纸揭下来，一张黑底白字或红底白字的拓片就复制完成了。拓印，作为一种保留碑帖痕迹的传统技术，在版画创作和现当代的艺术创作中也常常使用。

第一步：拓板上纸。用宣纸盖在拓板上，喷适量的水把宣纸浸湿。宣纸湿透后用棕刷在宣纸上来回轻刷，使宣纸完全贴在石碑上。

第二步：敲打拓纸。上纸完成后，就可用打刷敲打了。敲打的目的就是使拓印的每一个字或纹饰能全部印在宣纸上。有的字或纹饰凹面较大，敲打时用力一定要轻、慢，不能过重、过急，防止把拓纸打破。当纸与碑石字或纹饰的凹面完美结合直到字迹或纹饰清晰可见时，就可以上墨了。

第三步：拓纸上墨。上墨也叫扑墨、拓墨，就是用拓包将墨扑到拓纸上。上墨之前宣纸的干湿度要掌握好，纸泛白的时候才可以上墨。将拓包蘸上墨汁，放到拓板上来回擦拭，使拓包吸墨均匀。先扑边缘，后扑有字处，边扑边补墨。

第四步：揭纸而起。扑墨完成后，不要急于揭起，须等干透后轻轻揭下。这样，效果良好的一张拓片就算完成了。

在这个过程中，观众可以亲身体会到非遗拓印的乐趣和工艺之美，并由此"触摸"到穿越千年的历史与文化。当我们用自己的双手刻录下这段历史，一切变得真实可触，我们便是与历史对话的人。

图4-4　"触梦宋潮"新春活动

3."触梦宋潮"新春活动

2023 年兔年春节期间，四川省的游客接待量力拔头筹，排名全国第一，省内外观众纷纷走进博物馆，在四川博物院看东坡大展，沉浸式逛"东坡文创集市"，在博物馆"触梦宋潮"，体验做一天宋"潮"人的快乐（图4-4）。

一进博物馆大门，观众就可以赏东坡诗词、品宋代生活美学。投壶、捶丸、蹴鞠等传统文化活动，深受观众喜爱。2023 年春节期间，四川博物院的观众人数连续 3 天每日突破万人，"触梦宋潮"沉浸式文创嘉年华同步向公众开放，累计为观众提供文创体验服务 4 万余次，为外地游客提供文创邮寄服务 30 余次。策展团队从四川博物院馆藏文物元素中汲取创意灵感，原创开发了 26 种配合"苏轼主题文物特展"的文化产品，汇集了全国多家文博单位的近 300 个品类的 6000 余件（套）产品亮相展览。

图4-5 话剧《苏东坡》快闪演出

　　话剧《苏东坡》也同步推出，让东坡文化爱好者有了更多的选择。大年初二到初六，每日展厅内的话剧快闪演出（图4-5）让观众交口称赞。人生缘何不快乐，只因未读苏东坡。为配合此次展览，《苏东坡全集》《经进东坡文集事略》等20余种著作同步亮相文创区，为"苏迷"带来了诸多惊喜。此外，苏轼作为一位美食界"老饕"，美食独独不能缺少。东坡肘子、东坡肉、东坡酒、苏梨糖、东坡橙、东坡诗词定制可乐……观众在观展的同时，也有美妙的味觉体验。苏轼诗词定制款的可乐，兔年新春罐身，配有十余首不同的苏轼经典诗词，广受观众的喜爱。另据统计，苏轼留下一千多封书信，短则十余字，长则百字，使用"呵呵"有40多处。"呵呵"二字，是一种自得而不加掩饰的感情流露。有人笑称，苏轼才是"网络语言的老祖师"。春节期间，四川博物院应观众需求专门制作了"呵呵"罐，一上架就受到热捧。

图4-6　文创区域

（四）文创开发

　　"一门父子三词客，千古文章四大家"，三苏是文化事业兴盛繁荣的两宋时期的代表人物；"一门三进士"，唐宋八大家独揽三席，三苏父子携手写就中国历史上的一段文化传奇。三苏文化内涵丰富，成为中华民族重要的精神财富和宝贵的文化遗产，其当代影响力至今未泯。"苏轼主题文物特展"文创项目是对三苏文化的创新性发展和创造性传承，有利于推进中华优秀传统文化的挖掘和阐发，加深公众对中华文化的理解。该项目以"跨界合作，多馆联合，依托展览，融合发展"为理念，整合文博、餐饮、服饰等行业资源与优势，实现跨界合作。围绕东坡文化的本体，开发了丰富多彩的文创产品（图4-6）。同时，充分利用文物资源，通过创新手段，让文物 "活" 起来，不再只是静态的展品。在此基础上，建立文创产品的展示和销售平台，并且开展多样化的体验活动。这些活动集文化性、趣味性、艺术性、娱乐性于一体，旨在吸引更多的公众参与，让他们更深地了解和感知东坡文化，让文物资源更好地融入人们的日常生活。

1.文创产品的开发

四川博物院着重基于以下类别开发既富有创意又有实用性的文创产品，以更好地融入市场。

（1）家居用品类

选择具有美好寓意的宋代文物，兼顾美观性与实用性，开发香插、茶具、镜子等贴近大众日常生活的家居用品类文创产品，更容易激起观众的购买欲望。

香插体现了宋代文人雅士的生活情趣，茶具代表了中国文化中茶道的丰富内涵，镜子承载着宋人在日常生活中的仪态和风采这些产品都能在观众心中引发对于历史和文化的联想与情感共鸣。爆款家居用品类文创产品列举如下：

东坡卡通插画抱枕　抱枕以东坡主题卡通插画形象为原型进行设计，枕套采用柔软舒适的荷兰绒面料，可爱又实用，将"东坡先生"和东坡雅句一起带回家（图4-7）。

东坡美食冰箱贴　这款冰箱贴以"东坡肘子"和"东坡肉"这两道家喻户晓的东坡美食进行设计，通体使用树脂材质，形象逼真，令人"食指大动"（图4-8）。

（2）办公用品类

四川博物院以三苏相关文物为原型，开发书签、尺子、折扇、笔记本等办公用品类文创。这些产品的设计取材于三苏的作品、形象或其所处的时代背景。书签以三苏的诗词或名言警句为内容，呈现在纸质或磁质的书签上；尺子采用宋代的度量单位或书法字迹进行装饰；折扇印制三苏的头像或文学作品中的插图，

图4-7 东坡卡通插画抱枕（上）
图4-8 东坡美食冰箱贴（下）

图4-9　东坡卡通插画明信片（上）

图4-10　东坡卡通护腕鼠标垫（下）

既实用又有文化内涵；笔记本用宋代书画作品作为装饰，让办公用品也充满文化韵味。爆款办公类文创产品列举如下：

东坡卡通插画明信片　精选四句苏轼诗词，从"但愿人长久，千里共婵娟"中感悟苏轼的豁达，从"早晨起来打两碗，饱得自家君莫管""日啖荔枝三百颗，不辞长作岭南人"中感受苏轼对美食的热爱，从"昼驯识宾客，夜悍为门户"中体会苏轼对小狗的喜爱（图4-9）。

东坡卡通护腕鼠标垫　一开展就被抢空的文创爆款，区别于传统鼠标垫，这款在底部加高做了护腕设计，垫面是可爱的东坡卡通形象（图4-10）。

（3）食品饮料类

四川博物院以东坡美食相关文物及文学作品为原型，开发食品饮料类美食文创。此类文创产品包括各种茶叶、美味点心和饮料。以东坡美食为灵感的特色茶叶、以东坡文学名篇命名的特色饮料和点心，这样的产品能让观众在品尝美食的同时感受东坡文化的魅力。爆款食品饮料类文创产品列举如下：

苏轼诗词定制款可乐　瓶身印有十多种不同的苏轼诗词，广受观众的喜爱，非常值得打卡收藏（图4-11）。

年味东坡礼盒　东坡肉配东坡米，将东坡美味装进年味东坡礼盒中，把东坡先生的家乡味道带回家（图4-12）。

（4）服饰及饰品类

四川博物院以宋代服饰风格为灵感，设计出服装、配饰等产品，让观众能够将具有浓厚宋代文化意蕴的产品带回家，既彰显其文化品位，又作为其日常生活的装饰与点缀。

图4-11　苏轼诗词定制款可乐（上）

图4-12　年味东坡礼盒（下）

2.配套活动

（1）互动体验活动

四川博物院以"当一天宋代人"为主题，结合宋人"四事"（焚香、点茶、挂画、插花）相关文创产品开展宋代文化互动体验活动。焚香作为一种传统文化活动，代表了宋代文人追求内心宁静、清静养性的生活理念。在体验活动中，参与者可以亲手点燃香火，嗅闻香气，感受雅致的氛围。这样的体验不仅是感官上的享受，更是对宋代文化理念的一次亲近。点茶是宋代文人生活中的一种雅趣，茶文化在当时备受重视。参与者可以亲自体验点茶过程，感受茶叶香气的飘逸、茶汤的清香，体味宋代人对茶文化的欣赏和推崇。挂画和插花是宋代文人生活中常见的艺术活动，参与者通过挂画感受艺术品的审美价值，同时感受自然与艺术的融合。这些艺术品和活动代表了宋代文人对自然与美的向往和表达。

通过这些互动体验，参与者能够从嗅觉、味觉、触觉、视觉多个角度感受宋代文人雅士的生活和审美情趣。活动将细节和体验融入其中，让参与者更加深刻地理解宋代文化的内涵和东坡文化的精髓。透过亲身经历，观众能够更加贴近、更全面地理解宋代文化的深刻内涵和特色，增进对宋代文人生活方式和审美追求的认识。

（2）沉浸式戏剧体验

配合"苏轼主题文物特展"，四川人民艺术剧院联合四川博物院首度跨界合作，推出"展览＋戏剧"沉浸演艺新模式，于四川博物院展厅内打造话剧《苏东坡》文博版演出，以戏剧的现场魅力，让文物"活"起来，让"苏东坡"走出书册画卷，穿越千年，对话时空。

话剧《苏东坡》文博版演出由一位游走于时空的"说书人"开启，讲述苏轼从少年到"乌台诗案"被贬黄州后的一些经历。"说书人"把苏轼的人生碎片串联，让观众真实观看苏轼少年时母亲程夫人命其抄汉书、在杭州时"摸鱼"搞创作、在密州时思念弟弟而作《水调歌头·明月几时有》、在黄州时作《赤壁赋》感悟人生的神态情貌，感受到文物与历史真实出现在身边、在眼前的灵动。

话剧《苏东坡》与"苏轼主题文物特展"开启跨界联动，让舞台上的苏轼走入展厅，也走到所有"苏迷"身边；用戏剧表演打破时空，让观众瞬时穿越千年，用最近的距离了解苏轼人生理念中的旷达潇洒，感受他写出"犯其至难而图其至远"（《思治论》）的精神力量。

（五）宋人雅集

从展览中观众能感受到宋代多元包容的社会文化，而这样的宋式美学便蕴藏在日常生活之中。宋代的雅致生活到底有多美？通过宋人雅集活动，观众可以沉浸式感受宋代"四事四艺"中古琴、插花、宋画、点茶的文化温度和情怀。

1.宋人雅集第一期：古琴

苏轼作为中国古代文学巨匠之一，不仅在文学方面有着卓越的成就，还在古琴音乐上有着深厚的造诣。他一生写下80多首关于古琴的诗词，如《听武道士弹贺若》《次韵子由弹琴》《醉翁操·琅然》《九月十五日观月听琴西湖一首示坐客》等。这些作品充分展示了他对音乐的热爱和对琴音韵味的领悟。在"苏轼主题文物特展"中，观众不仅能够欣赏苏轼的诗句，还可以领略四川博物院珍藏的宋"诵馀"七弦琴的魅力。这让观众仿佛置身于当时文人雅士吟诗弹琴的场景之中，沉浸在那个音乐与诗词并存的时代。

为了让观众更好地感受苏轼的音乐世界，展览期间，专业的讲解员身着宋代的服饰，引领观众进入苏轼的音乐境界（图4-13）。从服饰到环境，仿佛都回到了苏轼当时的生活场景。一位资深的古琴大师在活动现场演奏了苏轼广为人

图4-13　古琴雅集活动

知的《水调歌头·明月几时有》。当古琴的琴音响起，那柔和悠远的琴音传达着苏轼当年的情感，与苏轼的诗词相得益彰。观众能亲身感受到琴弦与指尖的碰撞，沉醉于这一场音乐的互动体验之中。

　　这场文化盛宴为观众带来了一次难忘的体验。身临其境的展示、专业古琴大师的演奏，让观众不仅通过听觉、视觉感受到苏轼的音乐魅力，而且对当时文人雅士的文化追求和生活态度有了更加深刻的感知。这样的活动既丰富了观众的文化体验，也加深了观众对苏轼的音乐艺术的理解。

2.宋人雅集第二期：中式插花

　　在苏轼身上，我们感受到了积极乐观的人生态度，而宋代的大环境是孕育像苏轼这样的文人志士的重要条件。"苏轼主题文物特展"的展厅通过多媒体技术和场景设计，展示了宋代雅致的生活氛围和至简至美的审美品位。为了传承宋代的高级审美，四川博物院聘请了专业插花老师，现场指导观众用双手将心中细腻的情感在艺术作品中表达出来，以体现宋代人以花寓人伦的深远内涵。这种活动不仅是一种技能的传承，更是一种情感的表达和传递。插花艺术并非简单的手工技巧，而是融入了人文情怀和审美意识。专业老师的引导，让观众既掌握了插花技法，又亲身体会到了宋代文人所追求的审美理念。

3.宋人雅集第三期：青绿山水画

苏轼在书画方面有着独具一格的理解和态度，其为宋代书画艺术增添了浓墨重彩的一笔。"苏轼主题文物特展"展厅中的苏轼书画真迹《潇湘竹石图》吸引了全国各地的观众前来欣赏。为帮助观众更好地理解宋代的书画艺术，四川博物院安排了专门的展览讲解员，由其带领观众进入展厅，沉浸式感受宋代书画艺术。在强烈的视觉冲击过后，观众来到四川博物院二楼教育区，跟随宋人的艺术创作，学习青绿山水画的技法。这种亲身体验宋代书画艺术的活动，能让观众更加深入地了解了宋代书画的精妙之处。观众不再是被动地欣赏作品，而是积极参与宋代书画艺术的体验和学习活动，加深对宋代艺术和审美的理解。

4.宋人雅集第四期：点茶

"矮纸斜行闲作草，晴窗细乳戏分茶。"点茶被宋人视为高雅的爱好，展现了他们对优雅生活的极致追求。四川博物院策划了与古人点茶相会的活动，让观众品尝这碗最美的汤茶，理解宋人对精致生活的执着追求。当观众细心点上一杯茶饮时，就仿佛置身于宋代的茶饮场景中。对观众而言，这种与古人共享点茶的活动，是一次身临其境、亲身体验的文化之旅。

图4-14 宋瓷金缮活动

5.宋人雅集第五期：宋瓷金缮

宋代是中国历史上制瓷工艺发展的巅峰，造诣极致，无可替代。人有悲欢离合，月有阴晴圆缺，残碎的瓷器也可破镜重圆。金缮，是中国一门古老的传统技艺，代表了对残缺与不完美的另一种处理方式。金缮不是简单的修补，更是一种精神的表达，一种在接受不完美的同时追求美好的态度。观众通过宋瓷金缮体验活动（图4-14），能够领悟到生命中的坎坷与挫折并不是终点，而是另一种美的开始。

图4-15 "梦回大宋"活动掠影

（六）梦回大宋

　　宋代是中国文化的鼎盛时期，被誉为文化的黄金时代。在宋词、宋画、宋瓷以及宋代人的生活方式等方面，都展现了百花齐放的盛世景象。"苏轼主题文物特展"中呈现的宋式服饰、书画和瓷器等文物，不仅让观众饱览宋代文化的精华，更让他们身临其境地感受到多元化的宋代生活。

　　2023年1月23日，四川博物院策划了一场"梦回大宋"的体验活动（图4-15），从巳时到申时穿越回宋代。当天巳时，讲解员引领观众进入展厅，欣赏文物，感受传世真迹的魅力。观众近距离欣赏苏轼及其他宋代文人的书画作品，领略当时文人雅士的艺术境界。午时则安排了品鉴美食"东坡肉"的时间，观众品味着曾被苏轼推崇的美食，仿佛置身于当时的生活场景中。未时，举办了一场古代运动会，项目是千百年来体育运动中最受欢迎的"宋代国球"蹴鞠。观众不仅亲身体验了当时人们在娱乐中追求的乐趣，也了解了宋代人对运动的热爱。活动从多个角度展现了宋代市井文化的热闹场景。申时，以"四事四艺"为主题，带领观众体验宋人风雅的兴趣爱好。整个活动为观众营造了一场身临其境的大宋文化体验之旅，让他们在博物馆度过了宁静、舒适、美好的时光。

（七）"我们的东坡"红领巾讲解员之星评选活动

为引领少先队员广泛继承弘扬中华优秀传统文化，按照四川省文物局和四川省少工委《关于开展"我们的东坡"红领巾讲解员之星评选活动的通知》要求，四川博物院在 2023 年 1 月 14 日至 2 月 10 日组织开展了"我们的东坡"红领巾讲解员之星评选活动。活动期间，全省的少先队员积极地按照活动要求录制精彩的演讲视频。最后评选出了内涵丰富、讲解生动、示范性强的优秀作品，并颁发证书；表现优秀的孩子还加入了"苏轼主题文物特展"的"红领巾讲解员之星"讲解团。该活动得到了家长和孩子们的一致好评。

（八）"宋代成都十二月市"繁华开市

四川博物院策划推出了"宋代成都十二月市"市集活动（图 4-16）。这个市集活动充满了古色古香的氛围，吸引了众多观众。市集中的互动环节多种多样，每个环节都如同宋代市井繁荣景象的一个缩影，让观众身临其境地感受宋代的市井文化

图4-16 "宋代成都十二月市"市集活动布置现场（局部）

和热闹景象。在"宋代成都十二月市"活动中，市集摆满了色彩斑斓的糖画摊位，糖画艺人在现场制作充满民俗特色的糖画，让人仿佛置身于宋代烟火气息浓厚的市井场景。在纸伞摊位，观众可以自己动手制作一把宋式纸伞，感受宋代的传统工艺和手工艺术。此外还有雕版印刷、扎香囊、剪纸等技艺体验活动。

整个"宋代成都十二月市"市集活动，通过多样化的互动体验，让观众沉浸在那个充满活力的宋代市井文化中。这些活动不仅为观众提供了近距离了解宋代生活方式和手工艺术的机会，也让观众在欢声笑语中感受到了千年前市井的繁荣和热闹。

（九）东坡特展老年专场活动

为传承中华民族"敬老爱老"的传统美德，2023 年 3 月 24 日，四川博物院举办了"东坡特展老年专场活动"。老年观众踊跃参与，他们有着丰富的人生阅历，对苏轼有更深刻的理解。在这次活动中，老年观众由专业的讲解员带领，步入"苏轼主题文物特展"，沉浸在苏轼的世界里。通过展览的呈现和讲解，老年观众了解到苏轼一生的坎坷与辉煌，领略到这位文化巨匠的博大智慧和非凡才情。展览中的文物与资料展示勾勒出苏轼的精神风采与人生历程，让老年观众更加全面地认识了这位历史名人。

活动的另一部分——饮茶体验，让老年观众对苏轼钟爱的茶道文化更加亲近。茶，在中国文化中不仅是一种饮品，更成为一种精神象征。在这次活动中，老年观众品尝着优质的茶叶，感受着饮茶的仪式感和品茗的艺术，纷纷发表对苏轼及其所处时代的深刻感悟。这种"老有所乐、老有所学"的氛围让整个活动妙趣横生。

这次专场活动为老年观众提供了一个了解东坡文化的机会。这样的活动凝聚人心、促进交流，弘扬了传统美德，让人们更加亲近、了解和热爱中华优秀传统文化。

三、社会价值——展览的反响与评价

酒香也怕巷子深，展览的宣传工作不可忽视。"苏轼主题文物特展"在传统媒体、微信自媒体、微博自媒体等的宣传方面，总体实现了工作目标。实施了媒体专属体验计划，与中央电视台纪录频道、中国新闻网、四川电视台、四川发布、成都电视台等多家媒体联合策划了包括展览探馆、线上导览、讲座直播等宣传活动。展览相关内容传播速度快、覆盖范围广、热度高且持续时间长，3 次登上微博热搜，1 次登上抖音热搜，"四川博物院 & 看度"苏轼特展直播导览播放量达 400 万人次，开创新纪录。

（一）媒体宣传阵容强、力度大

全国共 95 家媒体参与了"苏轼主题文物特展"的宣传。根据四川省文物局信息中心全网监测数据，2022 年 11 月 29 日至 2023 年 2 月 9 日，中央级媒体或国家级政务网站共有 24 家参与宣传，包括《人民日报》、中新社、新华社、中国国际广播电台等。其中，《人民日报》以原创、转载等方式累计发稿 52 篇，发稿量居央媒首位，中新社发稿 51 篇，新华社发稿 23 篇。在省级媒体方面，《四川日报》发稿 239 篇，领先行业舆论场，四川广播电视台发稿 79 篇，上海报业集团发稿 72 篇。同时，贵州广播电视台、《河南日报》等共计 18 家省级媒体聚焦，实现舆论场的海量扩散与覆盖。

（二）全网传播数据喜人

以"高山仰止·回望东坡——苏轼主题文物特展"为关键词，在互联网上共监测到相关信息 19010 条。在信息传播发展趋势中，全网声量的最高峰出现在 2022 年 11 月 29 日，共产生 3030 条信息。

从信息分布情况看，微博是主要传播平台，共 10999 条（占比 57.86%），其次是网络媒体 4485 条（占比 23.59%）、微信 1424 条（占比 7.49%）、手机 App 1261 条（占比 6.63%）、短视频 641 条（占比 3.37%）、论坛 129 条（占比 0.68%）、报刊 63 条（占比 0.33%）、网络视频 5 条（占比 0.03%）、贴吧 1 条（占比 0.01%）、其他 2 条（占比 0.01%）。

在微博传播方面，网民言论主要来自个人"大 V"用户，共 314 个，其余言论来源中，政府用户 202 个、企业用户 23 个、媒体用户 71 个、普通用户 4403 个。

（三）传播互动性强

在微博信息属性上，27.35% 的网民针对"苏轼主题文物特展"话题发表了原创观点，24.27% 的网民转载了原帖信息，41.3% 的网民回复并转载了原帖信息，推动了展讯在网民中的传播，增强了话题的影响效果，使展览的传播热度不断提升。此外，微博话题收获较高关注，且话题类型多样，从不同角度解读文物特展，助推展览热度攀升。微博上苏轼主题展览话题的全网阅读量达 3445 万人次（2023 年 2 月 24 日数据），其中 # 高山仰止　回望东坡 # 1649.4 万人次、"# 苏轼主题文物特展 #"216.8 万人次、"# 用武侠风打开苏轼的一生 #"178.2 万人次。从展览中延伸的两个微博互动话题，"# 人生缘何不快乐　只因未读苏东坡 #"全网阅读量 207.3 万人次、"# 我们的东坡我们讲 #"全网阅读量 392.5 万人次。

西望東坡

Looking Back on
Su Shi

一、收获与缺憾

（一）展览亮点

四川博物院精心打造的"苏轼主题文物特展"做到了古今时空对话，最大限度地实现了人物主题展览的多维度诠释。

立意深远，传统文化与时代发展共鸣。四川博物院贯彻落实习近平总书记的重要讲话精神，从三苏文化切入，做好三苏文脉传承，讲好三苏故事，让中华优秀传统文化与时代发展产生更强共鸣。

聚焦精品，文化盛宴展现艺术魅力。四川博物院精选全国 39 家文博单位珍藏的苏轼主题相关文物 274 件，其中一级文物达 39 件。3 件苏轼传世真迹一同亮相。展品紧扣主题，为公众打造了一场内涵丰厚、形式独特的文化盛宴。

专业指导，学术支撑兼顾诗意表达。众多专家学者的悉心指导，保障了展览的严谨性、科学性和准确性。四川博物院邀请 9 位业界专家，多维度解读苏轼的精神财富以及风雅大宋的历史文化面貌，为展览助力。

创意设计，沉浸体验尽享人间有味。"苏轼主题文物特展"整体风格为简约、空灵的调性，以质朴素雅的米色为主色调，各单元配色提取苏轼绘画、书法、生活用品等的颜色特征，生动再现苏轼充满人间烟火气的一生。

多方合作，创新社教活动精彩纷呈。四川博物院精心组织了"我们的东坡"志愿讲解活动、"人人心中都有一个苏东坡"馆校合作教育项目、"人见人爱苏东坡"系列青少年主题研学活动，激发青少年进一步坚定文化自信，增强文化自觉。

严控展陈环境，营造了优良的展陈条件。展厅全部采用环保阻燃材料和专业光源，合理设定灯光语言，使用低反射超白通透展柜，实现了文物微环境的稳定。

"1+N"模式，拓展外延，创造社会效益。四川博物院采取"1 台展览＋演出、讲座、社教、研学、文创、书籍等若干项目"模式，社会效益凸显。文博版话剧《苏东坡》联动"苏轼主题文物特展"，是跨界合作的升级更新。

联合社会力量共同办展。来自文旅产业、创意产业、大数据等领域的 13 家企业为展览提供支持，这是四川博物院拥抱社会、放大展览价值的一次重要实践。

（二）策展经验

1.加强学术研究，找准主题定位

展览的实操必须建立在深入研究的基础上。为了迅速了解展览的背景和主题，我们大量收集苏轼相关资料，包括文章、书籍、纪录片等。通过仔细阅读和分析，明确了展览的定位。为了快速地厘清展览框架结构，我们邀请相关的专家学者担任指导，最终明确了以苏轼的生平经历和艺术成就为主线的展览定位。在这一主线的基础上，进一步分出多条叙事线。

在古代人物类展览中，藏品是基础，而学术是支撑。因此，展览应该建立在深入的人物研究的基础上。简单的标签化和扁平化的历史人物展示方式会严重削弱展览的深度、丰富性和影响力。一味凸显人物的神性光辉则不仅会导致观众对历史人物认知的僵化和疲劳，还会使博物馆展览失去亮点、流于表面。因此，在策划过程中，要深入研究各类资料，从中提炼总结人物的特质，避免对人物进行先入为主的判断和构想。

从海量的资料中选取能够贴近和证实主题的内容并对其予以展示，使人物丰满、鲜明、立体的多元侧面得到充分挖掘，这是一个重要而艰辛的过程，需要对资料进行精选和深入挖掘，以确保展览能够真实地呈现苏轼的多重面貌和精神品格（图5-1、图5-2）。

◎ 苏轼与惠州蜜酒

【蜜酒法】

苏轼对酒之酿造工艺独有研究，在黄州曾以蜜酿酒，写就了《蜜酒歌》一诗，在惠州又酿过桂酒和真一酒，著有《桂酒颂》和《寄建安徐得之真一酒法》，最后把自己的酿酒经验编撰成一部《东坡酒经》。

千作蜜酒，格味与真一相乱。每米一升，用蒸饼面二两为曲，如常法取醅浇，再入蒸饼面一两酿之，三日宜省，味当极辣且硬，且以二斗米玖坂坂之。若甜软，则每投更入面与饼各半两，又二日投而熟，全在酿者斟酌损益也，以此为妙。

—— 北宋·苏轼

苏轼爱酒程度堪称一个"痴"字，三百余首传世的词作中，"酒"字出现了九十多次。美酒点燃了苏轼文学创作的火花，激发了他横溢的文艺才华。苏轼不仅爱喝酒，还对酒的酿制独有心得，成为他遭遇贬谪，处于人生低潮时的快乐之源。

《京酒帖》书于元丰三年(1080)，是苏轼写给世交杜孟坚的书信，整体布白自然错落，字迹端庄圆润，丰神俊雅，诠释了"无意于佳乃佳"的化境。

《京酒帖》
台北故宫博物院藏

图5-1　柜内呈现

图5-2　展厅实景（局部）

2.团队分工协作，激发创作灵感

　　策展团队快速成立展览项目组，确定空间布局及内容架构，将展览板块分配给各个小组成员。从内容完善、文物借展、形式设计、行政程序到现场施工，我们进行了线性连接，保证各个小组的独立性与系统性，同时保持充分沟通，确保在有限时间内呈现最佳展览效果。"苏轼主题文物特展"时间紧、任务重，建立一个高效的团队合作机制是制胜法宝。我们定期召开会议，确保所有成员了解项目目标、进度和任务分配；促进团队成员之间的合作与交流，鼓励成员分享创意和思路；组织参观其他展览，特别是与苏轼或类似主题相关的展览，获得灵感和经验借鉴；制定详细的时间计划表，控制项目进度，确保任务完成的及时性；进行风险评估和预案制定，以应对可能出现的问题和延误。

3.了解现场情况，及时调整方案

　　"苏轼主题文物特展"的各项工作几乎是同时进行的。从内容大纲到设计图纸，再到施工落地，效果难免会有差别。为确保展览效果，策展团队经常去现场了解施工情况，关注展墙结构、版面形态、用料材质和现场灯光等因素。其间，策展团队多次面临设计图纸与现场施工无法相容的情况，比如异形墙面的弧度问题、电脑显示色彩与打印出来的色彩存在差异、投字灯在空间距离及高度的影响下出现变形。为了有效解决问题，我们在现场做了很多小样实验，根据灯光、墙纸色彩、点位等调整展品陈列和展示内容。正是基于反复的尝试与沟通，展览才顺利且相对完整地呈现在观众面前。

4.打破常规模式，勇于创新探索

　　近年来，苏轼成为博物馆的明星人物，国内多家文博单位都策划举办了苏轼主题展。大部分展览的架构是从苏轼的书法、美食、乐观精神和交友圈等方面入手，展示其艺术成就和精神品格，在叙事逻辑上极为相似。这样具有同质化倾向的展览非常容易造成观众对苏轼认知的固化。实际上，除了以上内容，苏轼还有着丰富的故事，比如家风家教、忠诚正直品格等都值得深入挖掘和阐释。古代人物类展览的策划看似容易，实则具有难度。如何破解内容的套路化和模式化问题，寻找到新的切入点，让故事常讲常新，是我们需要认真思考的。此外，伟大历史人物不仅存在于他所处的时代，也必然对后世社会产生深远影响，此即时代价值。因此，古代人物类展览应该反映时代议题，处理好古今之间的平衡关系，既要客观讲述古代人物的故事，也要从历史中寻求可以为今所用的经验与智慧。

"苏轼主题文物特展"采用了策展人项目管理制度，实现了策展由部门制到项目制的转型，策展团队的组建更加开放和自由。通过展览的策划和实施，四川博物院整合了全院的研究力量，使策展团队的专业化水平和整体素质能力明显提高，并且培养了一批年轻的策展人。

（三）遗憾之处

尽管"苏轼主题文物特展"得到了大家的认可和好评，但它也存在一些缺憾。首先，为了营造轻松的观展体验，增加展览设计的美观度，我们对展览文字进行了精简。但这使得最终呈现的内容无法完全涵盖苏轼传奇的一生以及他全部的思想和创作领域。展览的呈现方式或解读材料的不足，可能使观众无法全面理解作品的内涵。其次，"苏轼主题文物特展"虽然是目前关于苏轼其人的最全面展示，但受新冠疫情影响，一些重要展品特别是部分苏轼真迹未能借到。最后，配合展览，策展团队出版了便携、平价的口袋书，但是由于时间紧张、经费不足，未能出版专业性更强、内容更翔实、展品照片更齐全的同名图录。

每个展览都是一件留有遗憾的艺术品，就像每一部文学作品一样。展览不仅是对展品的组织和陈列，实际上，它蕴含着无尽的创造力。策展不是内容大纲的写作，而是一项综合而复杂的业务工作。通过"苏轼主题文物特展"的策展工作，我们深刻地认识到专业素质的核心地位和重要作用。策展人需要具备较强的综合素质才能做好展览项目的管理协调工作。

二、反思与展望

（一）反思

1.内容策划：研究先行，挖掘内涵

首先，人物类展览的策划要确保充分展现主题人物特色。将史料文献在当代呈现时，其往往会丢失一些历史的温度。历史研究者所描绘的历史人物往往被局限于模式化的形象，要么是符合儒家道德标准的君子，要么是超越传统规范和世俗期望的叛逆者。然而，在古代人物类展览中，我们必须跳出史学研究的固定思维，深入挖掘历史人物独一无二的个性特质，展现他们与众不同的生平经历和心路历程，塑造真实而立体的人物形象，呈现他们有血有肉、充满真性情的形象。

其次，展览传递的主题思想要符合时代价值。展览是传播文化和教育公众

的重要平台，理应承担好新时代赋予的重任，其展示内容必须与当下社会的主流价值观相契合。古代杰出人物创造了灿烂的文化成果，他们崇高的精神品质也是中华民族精神的重要组成部分，为中国社会发展提供源源不断的精神动力。因此，古代人物类展览不仅要讲述人物的故事，也要从古代人物的经历、成就和精神品格中寻找对当下社会与个人发展具有现实意义的话题，将人物身上的闪光点和今日时代风尚相结合，彰显个人主体性和创造力的巨大价值，使观众能够在历史中看成败、鉴得失、知兴替。

最后，展览要注重观众的文化需求。展览最终的受众是公众，展览能否引起观众的参观兴趣、满足观众的预期和需求是评判展览成功与否的决定因素。展览通过陈列语言，在博物馆与观众之间建立起沟通桥梁，将单向的知识输出变成双向的知识交流。

2.团队建设：合理分工，紧密协作

高效严谨的运行模式是展览得以顺利推进的有力后盾。由于"苏轼主题文物特展"筹备时间紧迫，在整个工作过程中我们改变了以往的工作流程，通过内部协作与分工，确保在最短的时间内达到更好的效果。

首先，内容设计团队和形式设计团队分工协作。我们将整个展览项目根据空间面积和设计框架拆分成不同的工作任务，再根据展览内容、单元结构把设计任务分配给平面设计师。确定好分工后，便是具体的实施过程，我们紧密配合，圆满完成了展览任务。

其次，加强与施工队伍的沟通，采取一系列的措施加强设计和施工的前后方协作。我们安排了两支具有丰富施工经验的队伍，确保工程进度。人数最多的一天，工地的工人师傅超过了 60 人。这些工人具备专业的技能和丰富的经验，对项目的顺利进行起到了关键作用。在整个过程中，我们始终坚持严格的项目管理制度。由经验丰富、业务能力强的项目管理人员负责监督和把关，确保项目的每个环节都得

图5-3　策展团队工作现场

到精细的把控。一旦发现问题，立即采取措施解决（图5-3）。在施工过程中，由于施工人数的增加和施工进度的加快，设计进程开始跟不上施工进度。如果不加以解决，极易出现窝工现象。为此，我们也采取了一系列针对性措施。

　　由于展览筹备时间紧迫，我们没有足够多的时间与现场管理方组织正式的方案会议。许多时候，我们都是带着图纸在现场讨论，大家或蹲或站，在交流和碰撞中集思广益，直接解决现场问题。这种灵活的工作方式大大提高了工作效率，也使团队成员之间的合作更加紧密与默契。

最后，"苏轼主题文物特展"的顺利实施离不开 20 多家供应商和协作团队的密切合作。在整个展览过程中，我们建立了严格的质量控制标准和检查流程，采取了严格的自检流程，确保所有供应商提供的产品在送达施工现场之前都经过自检，并及时纠正质量问题，从而避免了返工和重做等问题。在项目进行过程中，我们极为重视与供应商的沟通和协调，及时反馈项目进展情况，共同商讨并解决问题。最终，我们完成了"苏轼主题文物特展"的各项工作，并取得了可喜的成果。

（二）展望

文明的传承离不开文化工作者的坚守。"苏轼主题文物特展"虽然告一段落，但这并不代表工作的结束。四川博物院将继续坚守文化工作者的使命，致力于文明传承和推动社会主义先进文化的发展。

在习近平新时代中国特色社会主义思想的指导下，四川博物院牢牢把握社会主义先进文化前进的方向，坚定文化自信，主动融入四川和国家经济社会发展大局，以满足人民群众对美好生活的需求为目标，讲好中国故事，特别是讲好四川篇章。为此，四川博物院将重点策划和推出一系列展览，彰显古蜀文明、巴蜀文化、民族民俗文化和红色文化。通过这些展览，四川博物院将实证中华文明多元一体的格局，展示巴蜀地区在历史发展中的贡献。四川博物院将以这些展览为品牌，不断拓展文物展览的国际交流与合作领域。

作为博物馆，四川博物院深知自己的使命和责任。因此，四川博物院将进一步强化"文化惠民"的功能，通过丰富多样的展览和活动，为公众提供一个学习、体验和交流的平台，促进文化的传承与创新，推动社会主义先进文化的繁荣发展。

此外，为了提升文物展览的影响力，加强国际交流与合作，四川博物院将积极开展数字化展览和虚拟展览的建设。运用先进的科技手段，将文物展览的内容和精华呈现在网络平台，使观众无论身处何地，都能够通过互联网亲临展览现场，感受到文化的魅力和历史的厚重。通过数字化展览和虚拟展览，四川博物院将打破地域和时间的限制，将四川的文化宝藏传播至全球，与国内外的博物馆、文化机构开展合作，促进文化交流与互鉴。同时，四川博物院还将加强与学术界、艺术界和文化创意产业的合作。通过与相关领域的专业人士合作，丰富展览内容，引入创新的展示方式和艺术元素，使展览更具时代感和观赏性，吸引更多的观众参与其中。

四川博物院将持续坚守文化工作者的使命，不断创新、拓展文物展览的领域，通过丰富多样的展览和活动，为公众带来更加多元的文化体验，努力打造引领时代、具有影响力的文化品牌，推动文明传承与发展。

后 记

　　作为四川博物院 2009 年浣花新馆对外开放至今最重要的展览之一，"高山仰止·回望东坡——苏轼主题文物特展"刷新了许多纪录：第一次使用三个临展厅共 2000 平方米的展陈面积；第一次将文创展演、快闪话剧和教育活动带进展厅，同时开展了馆校合作的观众行为调查研究，配合展览策划出版了口袋书等。此展览荣获第二十届（2022 年度）"全国博物馆十大陈列展览精品推介活动"优胜奖，并有幸加入"中国博物馆陈列展览精品·策展笔记"丛书计划。

　　展览的策划和实施是一个系统工程。在整个展览过程中，各方的默契配合和高水平的协作起到了关键作用。展览筹备和实施的每一个环节都需要团队间的良好沟通和紧密协作，各团队成员之间相互支持，积极解决问题和应对挑战，确保展览按时完成，并达到预期的质量标准。这种密切合作的氛围和工作态度，为展览的成功举办奠定了坚实基础。在此，要向所有为"苏轼主题文物特展"奋斗过的各级领导和专家们、老师们、同事们致敬，没有大家的无私付出，就没有如此精彩的展览。

　　"苏轼主题文物特展"开展后好评如潮，获得了巨大成功。展览由中共四川省委宣传部、四川省文化和旅游厅、中共眉山市委、眉山市人民政府、四川省文物局主办，四川博物院、四川省诗书画院、眉山三苏祠博物馆、四川省图书馆承办。展览得到了四川省文化和旅游厅厅长戴允康，四川省诗书画院常务副院长王琼，中国文物学会副会长、四川省文物局原局长王毅的大力支持。四川博物院原院长韦荃作为展览委员会主任负责了展览的总统筹，眉山三苏祠博物馆馆长陈仲文、四川省诗书画院副院长薛磊担任展览委员会副主任，四川博物院副院长谢丹负责了展览的总策划，四川省图书馆馆长王龙、四川博物院原副院长谢志成、四川博物院副院长钟玲、眉山三苏祠博物馆副馆长黄健担任展览监制。项目负责唐玉微，内容设计周诗卉、陶松，形式设计唐玉微、冯芦、谢凌、熊霄、郑琴、谢沁池、张帆、朱中川、崔亚雷、易蓉、王慧敏、蒋雯、罗维，灯光设计陆峥，艺术顾问陈同乐、樊一，学术顾问齐东方、潘殊闲、徐丽、彭文、张卫忠、陈希丰、尹航。四川博物院相关部门和专家参与了文物协调、布撤展、文物保护、学术讲座、宣传推广、文创开发、数字展览、社教活动、展览讲解、后勤保障和审校工作。

　　本策展笔记的编写是在"苏轼主题文物特展"的基础上应运而生，撰写过程中得到了中国博物馆协会刘曙光理事长、浙江大学艺术与考古学院"百人计划"研究员毛若寒博士以及博物馆领域多位专家的指导。四川博物院高度重视本书的撰写，汇聚了集体的智慧和成果，原院长韦荃多次督促此项工作加快推进，副院长谢丹作为本书的总统筹和撰写者之一，组织、安排了参与"苏轼主题文物特展"的主创人员和各板块负责人员，全面指导了本书的撰写，并进行了统稿、审校，负责进度的把控。谢丹撰写了本书"引言"中的"二、策展思路——人物展览的创作逻辑"、"策展"中的"二、表征与价值——从文物展到主题文化展""三、媒介与感知——艺术语言的典范呈现"部分内容。陈列展览部副主任周诗卉负责撰写了本书的部分内容，对全书进行了统稿、编辑、修改、审校，并与出版社进行对接。四川省体育博物馆文物征集部副主任陶松撰写了本书"导览"中的"一、序厅""二、第一部分：一门三杰孕于蜀""三、第二部分：跌宕起伏的一生"，以及"策展"中的"四、恪守与超越——展览背后的故事与花絮"部分内容。四川了梵装饰工程有限公司空间设计师郑琴撰写了本书"策展"中的"三、媒介与感知——艺术语言的典范呈现""四、恪守与超越——展览背后的故事与花絮"部分内容。四川了梵装饰工程有限公司平面设计师谢沁池撰写了本书"策展"中的"四、恪守与超越——展览背后的故事与花絮"中的"（八）如何快速达意，找准思路，把展览内容转译为设计风格？"部分内容。四川了梵装饰工程有限公司合作视频制作团队支雨昕撰写了本书"策展"中的"三、媒介与感知——艺术语言的典范呈现"中的"（五）互动展项：秉承'创意＋科技＋服务'的策划理念"部分内容。展览开展后，四川大学李倩倩副教授带领本硕学生牟文星、康玉潇、钱语心、梁爽、李佳宁、邸馨可、刘双双、白翎、陈璐对展览进行了观众调查，并撰写了本书"观展"中的"一、场域效应——观展行为背后的共性"部分内容。四川博物院科教中心副主任何东蕾撰写了本书"观展"中的"二、'1＋N'模式——跨界合作的全新升级"部分内容。四川博物院科教中心蔡园撰写了本书"观展"中的"二、1＋N模式——跨界合作的全新升级"部分内容。四川博物院宣传营销部主任王代乾撰写了"观展"中的"三、社会价值——展览的反响与评价"部分内容。四川了梵装饰工程有限公司熊霄提供了"从设计管理到施工管理总结"的内容，本书进行了参考并编写。四川大学康玉潇同学参与了本书各章导言及"观展""策展"等部分的撰写，为本书资料的整理与校对提供了大量帮助。四川博物院文旅融合办主任钟郛提供了与展览相配套的"梦回大宋"体验活动方案，四川博物院陈列展览部唐玉微、冯芦、李爽谷为本书提供了展览筹备资料。此外，本书还参考了四川博物院公众服务部、信息中心同仁策划设计的社教活动、线上展示等相关方案，在此一并表示感谢。正是大家对高品质展览和高品质图书的不断追求，才能使本书得以顺利完成。

　　由于时间仓促，本书难免存在一些疏漏和不足之处，诚请业内专家与广大读者批评指正。